书屋文丛

《书屋》编辑部◎编

书生未敢忘忧国

中国知识分子有一种家国情怀，
总是在从事专业之余介入对社会公共话
题，如社会公平、
人文精神、政治体制改革、教育改革、
城乡关系等问题的讨论，
体现了知识分子的社会责任感和引领大
众、启蒙社会的使命感。

湖南教育出版社

前言

“苟利国家生死以，岂因祸福避趋之”。清代著名爱国者林则徐的这句名言，代表了中国传统士大夫以天下为己任的执著追求。

受儒家文化之熏陶，从春秋战国开始，几千年下来，无论在朝在野、显达贫穷，总有正直的士大夫超越一己之利害，以明辨是非的勇气就国家兴衰、政策得失等问题直陈己见，以养天地之正气，匡王政之不逮，形成一种悠远的“以道制势”的文化传统。其中的代表人物如屈原、贾谊、杜甫、范仲淹、左宗棠、林则徐等，他们的道德文章、生平行谊都产生了感动当世、激励来者的巨大作用。尽管历史的真相往往是“以势制道”甚至“以势为道”，忧国忧民的知识分子也大多命运多舛，抑郁而终，但那种道统意识一旦形成便绵延不绝，尤其是在国难当头、民不聊生之际更是顽强地表现出来。

传统士大夫的道统意识在现代社会转换为知识分子的公共情怀和批评精神。相对于传统士大夫的依附性，现代知识分子更具独立意识，对世俗权力的授予和行使、内容与边界，都以现代文明的眼光加以判断和认知。但全新的知识谱系仍注入了传统的血脉和精神。中国近代以来以梁启超、鲁迅、胡适、殷海光、顾准为代表的知识分子在输入新知、再造文明的努力中，都不同程度地继承了中国传统士大夫的家国情怀和担当意识。二十世纪上半叶，是中国现代知识分子的重要成长期。那时的中国内忧外患，知识分子纷纷起来议论国是，参与政治和社会活动。期间产生的一批著名刊物如《新青年》、《独立评论》、《观察》、《大公报》等，皆以其独立的姿态、世界的眼光、雄健的笔仗和犀利的批评，展示了那时书生论政、言论蔚起的时代风貌，将"位卑未敢忘忧国"的传统发扬得淋漓尽致。

上世纪九十年代以来，伴随着"思想淡出，学术凸显"之思潮的流行和市场经济的冲击，相当一部分文人将视野退回到自己的专业领域，或者通过官学结合、商学勾结谋取金钱、名位等眼前利益，被动或主动地放弃了自己的社会责任，对腐败现象和社会不公听之任之，甚至为之推波动澜，知识界弥漫着一种及时行乐的犬儒主义氛围。一时间，"启蒙"成了一个敏感而尴尬的词汇，"批评"更被视为不合时宜和迂腐顽直。然而，就是在这样一种社会氛围之下，仍然有一部分知识分子秉承良知和道义，利用已有的空间和条件，就历史和现实问题发舒己见，引导和启示知识界和其他各阶层人士明断是非，矫正时弊。他们的努力，终将会赢得大多数人的认同和尊敬。

中国的现代历史充满了坎坷和曲折。有眼光的知识分子普遍认为，改革开放的过程，在很大程度上便是一个回归常识、尊重常识的过程。中国人曾经因为受制于一种乌托邦式的建构理性，在上世纪五十到七十年代干过不少违背常识、违背世界潮流的事情。由此酿成的悲剧让知识分子们痛定思痛，深感站在常识的立场思考和行动的极端重要性。他们认为，无论作为客观知识方面的常识，还是作为主观价值方面的常识，多数国人都面临着一个重新学习、丰富拓展的任务。要避免重蹈"系统世界"对"生活世界"的侵蚀和扭曲，关键仍在于继承和弘扬五四新文化运动所揭示的"科学"和"民主"的精神，扫除迷信、巫术、野蛮、专制等一切反逻辑、反文明的思维习惯和社会陋习。中国的未来，决定于我们在多大程度上具备现代意义上的"常识域"。

经济领域的市场化改革在中国已推行三十多年，市场经济体制已基本确立。但政治体制改革明显滞后，官本位和权力越位没有从根本上得到扭转和遏制。一方面是权力监督不力，一方面是市场经济带来的财富的涌流，权力和资本的不当结合，造成了势力强大的既得利益集团。这些利益集团对外打着维护国家产业安全的旗号，寻求国家政策保护，对内又以"国际惯例"、"中国特色"等为由盘剥消费者，从而造成了严重的腐败现象和分配不公。对此，有良知的知识分子无不忧心忡忡，认为这样发展下去，势必造成多数人的"被剥夺感"。由此蓄积的内心怨愤和不平一旦爆发，将会引发严重的阶层分裂和社会危机。为此，他们持之以恒地呼唤公民社会，呼吁政治体制改革，希望通过上层和民间的力量制约利益集团的跋扈和扩张，在还利于民的同时推进"还权于民"。越来越多的人形成了如下共识：没有政治体制改制的及时跟进，经济领域改革的成果亦可能得而复失。

一个健康的社会，从来都不能缺少知识分子的仗义执言和严肃批评。这是一个被人类文明史所反复验证的事实。中国当代知识分子的使命，当在以理性、严肃、负责任的态度就社会公共话题开展讨论和批评，以促进政府与民间的良性互动，维护社会正义和公平；同时传播人类一切优秀的文明成果和文明理念，在中西交流、古今融合中实现中华文明的伟大复兴。

胡长明

2010年10月

目 录

第一章 尊重经验 回到常识

第二章 弘扬理性 呼唤公民

第三章 人文精神 魂兮归来

第四章　牢记昨日　以史为镜

第五章　改革之路　任重道远

第一章

尊重经验 回到常识

胜过「真理」的，是我们的常识

前段时间听好几个朋友说起，书摊上有本叫《黄金时代》的书，很好看。于是也凑热闹地买了一本。书在家里搁了几天，直到有一天晚上看电视看到荧屏一片雪花，才漫不经心地翻起《黄金时代》。原本是为了催眠，想不到翻了才两页，却让我精神起来——真是个难得一见的好东西！

按说这故事说的也不是什么特别的事，也就是吃饭睡觉、饮食男女一类，在别人笔下会挺艰辛挺坎坷的故事，在这儿都家常的很。但家常其实最不易了，那个年代的人，又是写那个年代的事，能保持生活常识，而且以常识去判断大是大非，几乎见不到。我对作者开始佩服起来：真是个有原则的人！过去的年代，讲起原则都是些很大的东西，这东西因为太大，弄到把日常生活都淹没了，把人性真相都阉割了。前几年听人讲哈贝马斯，才知道这叫"系统世界"对"生活世界"的"殖民化",我们的生活被空洞的原则侵略了,被意识形态话语殖民了。其实越是大,越是根本的东西,就越平易才是,无论哪一类原则都该是极平易、人人看得懂的东西。《黄金时代》的故事里,就都是这样的原则。

这还得感谢九十年代以来的变化。在此之前，这些道理我们还不懂得，即使读到、听到，也会不以为然。那时候喜欢想大事，谈高深的理论，说与民族命运有关的使命感之类的话。尽管 1979 年开始的"思想解放运动",也是以撕破"神圣" 为基本内容的，但不知道怎么搞的，马上有很多新的神圣取而代之，人性还是被遮蔽的。在被遮蔽的情况下，我们面对的只是一些概念和理论，能够激动你的，也都是一些大事件和大概念。而且因为个人永远无法对这些大东西负什么责任，所以也就没什么责任可尽了。一切的一切，总可以推诿于某个系统，某个运动，甚至推给中国历史。这其实是一种很轻松的活法，因为所有让你感到沉重的东西都是你无法负责任的东西。当然这里也有着最大的悲哀，这代人没有真正属于自己的快乐，那种纯粹个人的、无须依赖于外界的快乐。

《黄金时代》的主人公是有这种快乐的,而且他的快乐都是这一类无须依赖于外界的。他也有很多责任要负,他其实活得挺累,没什么精神庇护所可以让他去躲,他也从不向社会推卸他的倒霉。他有常识,凭着常识,他在倒霉的时候也会有自己的开心。我不知道这本书的作者是不是也这样,如果是的话真了不起。那年头漏网之鱼不多,能不被系统毒害,省得到这几年再重新学习常识,还常常因为被遮蔽久了学不会。我这不是瞎说,恢复常识还真不是一件容易的事,也需要脱胎换骨,最起码要一代人的艰巨努力。

《黄金时代》的作者叫王小波，一位英年早逝的作家。

顺便说说，这篇东西的文字极好，白得不能再白的话了，一气读下来竟有一种读诗的感觉。

（搏　非 文，原载《书屋》1996年第5期）

常识的立场

中国当代思潮的流行和转移，常常是缘于一些专家学者对西方各种时髦学说的宣扬。与二十多年前无书可读的情形相比，时下的知识多得目不暇接，而且转瞬就已过时，令人感到知识的不能承受之重。知识一旦成为信息，就如同自然山水变成了旅游景点，看到的不再是风景，而是络绎于途的游人和垃圾。因此现在出了一个王小波，沉静地守着某种知识，并把它作为自己的信念而不是资本，这使人们趋时的心感到了某种清新。

王小波的力量在于他拥有一个常识的立场。渊博的学者指出他的思想来自英美式的自由主义，这也许是对的，但他的文字更像是表达了一些常识，而不是某种主义。在本质上他不是个诗人而是个小说家，这可以从他不唱高调，比如厌谈崇高或激情之类中发现。他关注的是现实生活本身，对于时下的一些理论和主张,他都把它纳入常识的范畴中来观察,这使得他的随笔具有一种简洁明白的效果。所谓常识,不过就是明白日常事理的能力,顺任自然和习俗,大至民族阅历,小至个人经历,都可以拿来作思想的参照。人类精神的成长,其实是很缓慢的,根本的东西就那么一些,例如苏格拉底、耶稣、释迦牟尼、孔子、老子等等。现代人弄出许多博大精深的学说,实质上并没有给人类精神增加什么新的内容。何况先哲的言论原本也都是出自常识,只是后来由于文化的积淀,它们才变成了知识权威。所以面对复杂的世界,各种各样的学说,往往倒是平常的心智来得可靠。王小波喜欢在书中叙述许多个人故事,就因为倘若离开了寻常经验和常识的描述,任何学说都可能成为谎言。

服从常识往往能使人通情达理,因为它总是直接洞悉事物的真实。鲁迅先生说过:"世间许多事,只消常识,便得了然。"常识是我们了解世界的一种直接的方式,其精髓在于自然,而一个不能靠常识作出判断的人,俗的说法是没头脑。在王小波眼里,他的姥姥是个有头脑的人,她在"大跃进"时期不相信一亩地会产三十万斤粮食,因为这不符合自然。尤其她还是一个普通人,面临没有饭吃的问题,因此她的常识中还包含着利害的成分,而懂得利害关系的人往往懂得事理,已经没有饭吃还说形势大好,就不是承认事理,而是顺从思想。其实常识正是思想的底子,王小波明白这一点,对于应不应抢救被洪水冲走的国家财产,他认为首先应问问值不值得,捞木头尚称合理,捞稻草就太过分,这是通情达理,也是真实不欺。

服从常识还意味着使用简洁明白的话语,让思想的表达举重若轻。朴素的语言也能说出真理,而且说得更好。这方面,古今中外那些真正的思想家、文学家为我们树立了典范，他们的文章总是明白晓畅，容易与人沟通。如果一个明白的道理，却非要表达得很复杂，做出很有学识很有思想的样子，其结果往往显得举轻若重。王小波曾谈到一个生产队长，在常识领域中他十分聪明，而且有趣，但他偏想要有思想，说点那个时代的时髦话语，结果很闹了些笑话。那个队长恰恰忘记了，一句蕴含着生活经验的话语也许比任何迷人的理论都更有价值。

我们曾生活在一个失去常识的年代，"文革"后的拨乱反正就是全民对常识的恢复，比如"实践是检验真理的唯一标准"，比如小岗村村民的大包干，其实全都是常识。后代的人将不会明白，这样的言行当初竟然能使全民激动不已，他们更不会明白，为了这些常识中国人曾付出了几十年的苦难代价。我们的社会不缺乏理论，缺乏的是常识，像王小波姥姥那样的常识。任何伟大的思想并不比一个老农的看法对人们更有益。如最近的报纸所透露的，五十年代末的科学家们还曾接到最高指示，开展"粮食多了怎么办"的科研课题，要将吃不完的粮食转化成有机化工原料，而当时的现状早已是哀鸿遍野了。在任何时候这都是中国知识分子的耻辱：多年来我们就是这样习惯于寻求一个关于世界的普遍性理论，用某种思想或主义来对现实进行解释，而不管生活本身是不是这样。

这里奉行的是格勒定律：如果事实与理论不一致，这事实就必须被抹去。

造成二十世纪灾难的这种思维定势今天仍在延续，看不出有多少改变。许多人不明事理，却喜欢高谈思想，谈学说。比如，二十几年前的知青上山下乡对个人、对国家都是悲剧，一代人的读书、工作和婚姻都被耽搁了，如今他们中大多数人又面临着下岗，承受着家庭的重负，但有些人却以一种精神被虐狂的心理宣称“青春无悔”。据说这就是生活的辩证法。然而,什么时候黄土高坡变成了鲜花盛开的原野?辩证的理论怎么可以如此侮辱人们痛苦的经历?对于当前的集体腐败也是如此,现实生活中每天都在发生这样的事,一面是有人在肆无忌惮地掠夺国家资产,一面是让严肃的思考脱离现实的轨道,而无论是理论界提倡给改革引入人文关怀,还是认为腐败是由于过去制度难以为继的体现,其实都是言不及义,因为它们都没有指出权力体系导致腐败的作用。从本质上讲,正是由于造成过去灾难的那种权力关系仍在起着作用,在权力的制约方面并没有质的改变,腐败才得以大量产生,如果要追根溯源,那么具有现代特征的腐败其实从“文革”后期利用权力关系“走后门”就已经开始了,这是稍有一点常识和记忆就可以弄明白的。但许多人不能明白,很多事并不需要高深的理论,只要让判断停留在常识中就行了,如果不具备真诚与思考的素质,追求理论的结果往往会败坏人们的正常理解力。

思想出于持续的恐惧,这是二十世纪人类经验的核心。在王小波的思想背景中总有着过去年代的威胁,他说,知识分子最怕生活在不理智的时代,他对事物的理解,大多也是对着那个年代而发,告诉人们不要相信什么,而不是有些人总喜欢叫人们相信什么,所以他的常识是一种“反思的常识”。他所反对的,都是过去几十年的东西,以及从过去延续下来的那部分现在。对于人文知识分子所反对的物欲横流,他并不特别关注,他关注的是过去年代幽灵的复活,那些试图改造人们思想的倾向,还有信仰的滥用,比如九十年代中期“重建精神家园”、反对“西方文化霸权”等等。的确,与过去的“突出政治”、“反帝反修”相比,当代的精神迷恋实难说取得了多少历史进步。而在经历了几十年的思想改造后,仍然有人对全民的世界观感兴趣，这恰好说明，只要过去的许多事情没有说清楚，没有得出一个常识性的结论，任何历史就都是当代史。

这似乎是八十年代启蒙的主题，其实正是当代中国的基本问题。每个时代每个民族的人都会有他们自己的基本问题，不应该越过这个基本问题去探讨理论，否则就是对着风车挥舞旗帜。非洲饥民、前南地区、高加索当然是人类的悲剧，西方社会物质主义的危机我们也从小就被告知，但这些都不是属于相同社会的同一层次的问题，人们无法对某一遥远地方发生的事保持恒久的关心，因为这是人的能力所限。且不说在这个方面，我们对西方社会的缺乏常识（如认为他们不重视家庭生活）一如西方知识分子曾经对我们的看法缺乏常识一样（如有的西方学者就曾把我们的自我批评看成是一个美好社会纯洁心灵的体现），但西方知识分子毕竟是出于对自身境遇的反抗，可我们则是为了什么？说到底，我们自己面临的问题才更加迫切，倒是这些问题值得我们思考。然而，在每天大量制造的文字中，我们却绝口不谈那些真正的问题，以及问题的真正所在，这些问题，即使没有知识分子的公共领域的写作，也早已是人们私下谈论的常识了。

当代中国知识分子缺乏南非作家戈迪默所说的那种"基本姿态"，即真实面对自己生存的境遇，并用最简洁明了的语言将它传达出来。在这种情况下，对终极目的的关怀掩盖不住他们对基本问题的逃避。人们的目力所及之处往往是形式大于内容的文章，操着同一种言说方式，例如结构主义、解构主义、后现代主义、后殖民主义及一大堆时髦空洞的词语，荒诞、焦虑、忧患、颠覆、建构、预设等等，九十年代以来这似乎已成为一种新的报刊文章腔，人们争先恐后地奔向那些二三流中外教授学者制造的各种理论流派,满心以为那些貌似高深的概念中包含了比千百年的常识更多的真理。这种现象可以称为是一种“大词崇拜”,拼命转弄着概念的魔方,可就是不通情达理,与现实相去甚远。读这样的文章,你会觉得它们全都是在举轻若重,就像王小波引用的那则拉封丹寓言说的,大山临盆,天崩地裂,生出的是一只耗子。把它们全部加起来,也抵不上十八世纪孟德斯鸠论亚洲的一句话:“在那个地方的一切历史里,是连一段表现自由精神的纪录都不可能找到的。”

积久会成习,从二十世纪初到现在,中国知识分子对西方思想和方法的学习,好像就只学会了“人类的眼光”,却没有学会多少常识的眼光。而一个民族正是靠着常识生活过来的。鲁迅先生三十年代在上海,曾说过这样的话:“我们常将眼光收得极近,只在自身,或者放得极远,到北极,或到天外,而这两者之间的一圈可是绝不注意的。”当代文化思想界的热闹背后,其实是荒芜,从写身边琐事的散文到谈论各种思想的学术随笔,正是鲁迅所说的“身边”和“天边”的文字。这样的枝头上显然是结不出任何果子的,只有那些正视“两者之间的一圈”的人,才有可能接近真理的地界。

一般来说,常识或经验的东西被认为表现了心灵的局限,不能达到深刻的境界,但几十年来更沉重的教训却是,做一个有思想的人不易,而承认眼见的事实,做一个明白人则更难。直接的经验常识往往可以戳穿谎言,照亮被思想蒙蔽的心灵。1975 年夏天,我在川东一个县城实习,那时候正在开展对资产阶级法权的批判,广播里终日在宣传革命的大好形势,对现状我虽不十分认真,但也谈不上怀疑,出于多年来思想培养的潜在影响,我完全可以自慰,也许每天看到的现象并不是本质和主流的呢,相比之下，我当时倒是更喜欢跟朋友讨论那些世界大事。我们的政治老师平时是个风趣的人，有天晚上我们去郊外散步，经过一处破败的农舍，看见几个筋骨毕现的老人躺在门板上纳凉，像牲口一样喘息，那个政治老师忽然冒出一句："苦难深重的中国人哪！"说完他就沉默了。这句话当时对我的震动是难以形容的，它不过道出了一个众所周知的事实，却改变了我对整个社会的看法，也就是说，我从此学会了常识的立场。

（**景凯旋** 文，原载《书屋》1999 年第 3 期）

世纪之交感言：还是要防“左”

在即将进入二十一世纪之际，我这个1917年出生的老人，当然是感慨万端的。这二十年来，幸亏走上了改革开放，以经济建设为中心的道路，国家的经济地位上升了，人民生活有了较大的改善。但是由于政治体制改革滞后，民主生活不健全，我以为仍是跛足前进，并导致腐败现象丛生，人民对此是不满意的。放眼世界，经济全球化，人类进入信息时代，科技与经济的竞争日趋剧烈。据有关方面统计，我们的综合国力居世界第七位，可是经济竞争力却居第四十位左右（香港、台湾居前十位）。这应该引起国人的高度警惕呵！百年前，我们落后挨打；辛亥革命后，仍然落后挨打。五四运动迎来自古没有的德、赛两位先生，引进马克思主义和俄国十月革命经验。经过两次世界大战，国共两党沙场决胜，终于取得了1949年革命的胜利，建立了新中国。建国后,由于对马克思学说教条主义的理解,从苏联学来无产阶级专政的实践,以及彻底消灭私有制的计划经济,并同中国自古相传的乾纲专断相结合,大大地冷落了德、赛两位先生,使我们走了三十年弯路,经历了史无前例的"大跃进"和"文革"十年灾难,几乎走上一条绝路。而那三十年,正是世界科学技术、经济人文突飞猛进的年代。因此,我希望进入新世纪之后,扬长避短,经济、政治双双改革开放,两条腿迈步前进,走上导致人类历史前进的民主、科学、法治、市场经济的康庄大道。

耄耋之人,余生不多,精力有限,新知难涉,常常只有回顾与反思。反思种种经历，走过的道路，哪些事还要提高警惕。前事不忘，后事之师，反思是为了更好地前进。1997 年列席十五大时，我有一个书面发言:《关于防"左"的感想与意见》,随后在刊物上发表了。文中提出一个重要的建议:应当开始总结这二十年来(1978—1998)的经验教训，作出我们党的第三个《历史决议》。"设想一下,如果没有第二个《历史决议》,这二十年能这样走过来吗? 何况这二十年中并非没有曲折,没有艰难,没有干扰"。

我现在想谈的、还是同防"左"有关的一些感想、先从个人有关的经历谈起。

重视历史经验教训

应该说,从抗战初期一直到延安整风、自己的经历还算比较顺当的。当年接受党的教育、学习毛泽东的著作,为抗战南奔北走。我在湖南地下党工作时,1939 年到重庆参加南方局的青年工作会议。冯文彬、胡乔木代表中央青委出席会议。听王明、博古作过报告。博古抱了一大堆俄文原版书，印象很深，如同讲坛上的迂腐教授，当年并不喜欢这种搬书本的教授。会后和胡乔木到湖南检查工作，转了一个月。当年我在地方上“红”了（即暴露了），南方局决定调我到延安。又同胡乔木一起到了延安，就被“扣”在中央青委宣传部工作。1941年调到《解放日报》。我的遭遇还比较正常。

1941年，整风运动先在党的上层进行，主要是整王明的“左”倾教条主义，清算其在内战时期对党造成的危害和损失；也听说批评了周恩来的经验主义。由于发生了王实味等问题，随后整风从上层转到全党来进行，就涉及到广大知识分子，当时把知识分子的什么缺点都归结为“小资产阶级思想”。这跟解放以后的知识分子思想改造运动，归结为“资产阶级思想”是类似的。关于延安整风运动的历史意义，已经有了定论；但知识分子从而把自己贬得一钱不值的副作用，很少有人谈及。整风运动随即转入可怕的“抢救运动”，至今还没有见到对此事的全面论述，境外倒是有了这种书。我就是在这次运动中被捕坐牢的。

总结我们党的历史经验，我以为最主要是弄清“左”的问题。1992年小平同志南巡讲话，特别讲了“左”是根深蒂固的问题。

历史上“左”造成了把人往死里整的严重后果。内战时期从富田事变前后开始“肃反”，打“AB团”，打“社会民主党”、“改组派”、“托派”、“罗章龙派”等等，直到长征结束才停止。我接触到的材料：鄂豫皖、湘鄂西、闽浙赣三个地区误杀了四、五万人，加上中央苏区、湘赣、闽西、闽浙赣等，直到陕北，自己杀自己，总数估计不下十万人；从根据地创始人、省军地县干部，一直杀到士兵，湘鄂西杀得只剩下四个党员。许多地区是杀得自已站不住脚的。

延安“抢救运动”，由康生发起并执行。康生1937年从苏联回来，把苏联肃反那一套也带了回来，说什么延安党政军机关“特务如麻”，毛泽东也曾一度相信，随即扩大到华北、华中所有根据地。当时沿用刑讯逼供信的办法，臆造出了国民党区的“红旗党”，四川、河南、甘肃、广西、广东、浙江、湖南等省的地下党，几乎无一例外，都变成了“红旗党”。中央党校动手最早，我的一位老同学在逼供之下，诬陷我为特务，且是他的“领导人”，于是我被抓了起来。在枣园、保安处等地共关了几百上千人。杨静仁、武衡、吴波、周建南等都和我关在一起。当时逼供信很厉害。我经历过五天五夜不给睡觉，不准眨眼睛，认为这样就可能失去控制讲出真话来。我当时挺住了，没有乱讲。这种办法有长到半个月的。幸有毛泽东的九条方针，一个不杀、大部不抓等，才没有重复过去乱杀的错误。随后，毛泽东在中央党校大会上脱帽鞠躬，对被错整的同志表示歉意，这场运动就此草草结束。1950年我在长沙看过唐纵的全部日记。唐纵是国民党军统特务头头，戴笠的副手，在蒋介石侍从室负责特工。他在1942年8月23日的日记上写道：现在延安很乱，可惜我们没有一个内线(唐纵日记现已出版)。可见、康生说的什么“特务如麻”，完全是自己乱自己。

遗憾的是从江西时期起，如此严重、可怕和惨痛的教训，一直没有认真总结，以致新中国成立以后，从批判“胡风反革命集团”、反右派、反右倾、“四清”一直到“文革”，政治运动不断，其损失其后果真是难以估量的。反右派整了当时十分之一的知识分子；庐山会议后反右倾，伤及三百八十万人；“四清”运动认为三分之一基层单位组织不在我们手中；十年

"文革"更是遍地敌情,冤案如山,国家主席、三军元帅都难幸免。1978 年后平反一切冤假错案,基本结束了自己整自己的漫长历史,但积习犹存,余波未息,对举世公认的改革开放现实,对邓小平的"一个中心"、"三个面向"、"三个有利于"等社会主义初级阶段的理论与实践,近年来还不是出现好多"万言书"、遭到持极左观点人们的攻击? 所以来日方长,斗争正未有尽期。

延安的"抢救运动",使我头脑更加冷静,较能够在复杂的环境中坚持自己的看法。

我党有史以来一大难题

不断运动,不断整人,这个现象在我党历史上反复出现,必须从根本上挖出它的根源。

首先是理论与认识问题。长期以来我们吃亏于"左"的教条主义的束缚,局限于阶级斗争和"消灭一切私有制"(及由此形成的"意识形态")的框框。马克思的唯物史观是正确的,但对于革命的进程他们没有也不可能有具体的设想。对革命形势何时到来,就曾估计得乐观了,但也只是探讨性的,到了晚年尤其恩格斯,已认识到早年的估计过于乐观,并认为经过议会道路改造资本主义是可能的。马、恩的学说产生于十九世纪的西欧,怎么可能一概适用于几十年百年后的东方和全世界呢。马克思曾设想在资本主义不发达(直至非资本主义)的东方国家,避免资本主义原始积累所带来的痛苦,而更快地导向无产阶级社会主义革命即所谓跨越"卡夫丁峡谷"。马克思仅仅是提出了一个设想,这种产生于资本主义发展很不成熟时期的设想，竟为东方革命国家一一实践！由于俄国十月革命的胜利，似乎更证明了这一设想的指导意义。十月革命源于第一次世界大战，列宁曾匆匆得出帝国主义是资本主义的最高阶段即垂死阶段这一结论，似乎资本主义的寿命屈指可数了，社会主义革命不久就会在全世界取得胜利；同时还提出共产主义可以首先在一国取得胜利的观点。列宁急于消灭私有制和过渡到共产主义，碰了钉子后，改行新经济政策，认识到过渡到社会主义是很长期的过程。这是符合当时苏联历史实际的正确政策。可惜列宁死得太早。斯大林没有接受列宁的新认识，加速实行国家所有制和集体所有制，实行完全的计划经济；条件不成熟，遇到困难就搞阶级斗争，搞肃反，实行镇压政策。我们在相当长一段时间是“一边倒”，仿效苏联。马克思主义是科学，科学总是随着人类的进步不断发展的。不同时代、不同国度都应当对马克思主义有所发展，有所创新，而不能死抱住马克思的片言只语或已经过时的观点，生搬硬套。我们犯了历史性的错误，不能怪马克思，也不能怪列宁、斯大林，只能怪我们自己。因为，我们并没有遵从唯物史观的根本原则：人类历史发展的基础是生产力和经济制度，而不是上层建筑，后者对前者只能起一定的反作用。我们对这一点，尤其在十年“文革”中，完全颠倒了。战争年代我们讲新民主主义，搞三三制；1945年毛泽东在《论联合政府》中讲到：要将“中国建成为一个独立、自由、民主、统一和富强的新国家”；我们一直认为中国没有经过资本主义的发展阶段，资本主义在中国不是多了，而是少了，要允许民族资本主义有一个合理的发展。他还谈到，“只有经过民主主义，才能达到社会主义，这是马克思主义的天经地义”。“没有几万万人的个性的解放和个性的发展……要想在殖民地半殖民地半封建的废墟上建立起社会主义社会来，那只是完全的空想”。新中国成立不久，毛泽东这些正确的理论、思想，就被他自己抛弃了，就急于进入社会主义，搞“一天等于二十年”，搞“大跃进”和“三面红旗”，一直错到十年“文革”，到“崩溃的边沿”。回顾历史，真是感慨万端。

其次，“左”的反复出现还有一个根本原因——体制问题（来源于“无产阶级专政”同封建专制主义相结合），即我们“党和国家领导制度的改革”还没有做好，这就同民主化的问题有关了。我国是一个封建专制主义长达两千多年的国家，儒家命根是三纲六纪，“民可使由之，不可使知之”。于是从秦始皇到蒋介石，一直是一个个人专断、家长制和愚昧、盲从、迷信的国家；当然也是一个权力无限，滥用权力，没有监督与法治的国家。旧社会的这种专制传统也不能不影响到我们的党与我们的新中国。

革命和战争年代，地下党与根据地的党对敌斗争尖锐，战争环境，军事生活，需要高度集中统一的领导。党政不分，客观形势使然，当时不能不这样做，但当年也还有某些值得回忆的民主生活。延安整风开始后，广泛填写“小广播表”，即属十分异常行动，以后就逐渐不敢随便说话了。建国之后，战争年代这些传统不仅继承下来，而且历次运动有所发展。党员要做“驯服工具”，人人以当螺丝钉为荣。一个以反封建专制主义为天然职责的共产党，到十年“文革”，林彪鼓吹个人崇拜、个人迷信，“一句顶一万句”；“四人帮”搞封建法西斯专制主义；全国人民天天唱“大海航行靠舵手”，“早请示，晚汇报”。于是围着一个人转成为生活习惯。这不能不使我们深思。

第三，从文化层面上讲，缺乏科学素养和排斥科学精神也是一个根本原因。革命年代搞政治斗争,法治难于健全,是必然的;可是革命胜利后搞建设,革命党变成执政党,就再不能“无法无天”,不讲科学规律,排斥法治了。科学思想、科学精神包含客观的依据、理性的思考、平等的争论,最终是实践的不断检验。科学精神有赖于民主精神,而学术自由和思想自由正是民主的基础,所谓权威主义(“毛主席的话句句是真理,一句顶一万句”;“相信毛主席要到迷信的程度,服从毛主席要到盲从的程度”等)同科学精神是水火不相容的。只有科学精神才能保证我们各种建设、各个方面不犯错误,才能保证人类的进步。可是我们过去恰恰反其道而行之,大搞一言堂、家长制,大搞个人崇拜、个人迷信;于是导致大权独揽,唯我独尊,定于一尊,一个人说了算。直到改革开放年代,这种习惯还难以彻底改变,还出现同科学精神相反的“新权威主义”热。社会主义同封建专制主义总脱不了钩。

第四,“左”似乎有一种“惯性”,“越‘左’越革命”,作为一种“生存意识”深深地铭刻在一代又一代人的心中。右倾危险、“左”倾保险的传统观念,至今仍在起作用。“右”的平反了,仍被冷落,尚有余悸,被告诫要“夹住尾巴”;犯左倾错误的人总被提拔重用,“文革”时造反派人物有些依旧升官跑红。因此“万言书”不断,“左”倾思想严重的人一遇机会便兴风作浪肆无忌惮。相反,强调一下反“左”,强调一下要总结历史经验教训,强调一下党和国家都应该走上民主化的康庄大道,就会被认为“自由化”了,不利于“团结一致”了,就要封锁其发言权,乃至让其自谋生路。

总之,民主、科学、法治以及市场经济,是人类历史进步的依据,也是马克思主义得以产生与发展的依靠,我们必须坚定不渝,贯彻到底,必须年年讲、月月讲、天天讲。

防“左”与略谈毛泽东的功过是非

战争年代，我们熟读毛泽东的著作《论持久战》、《新民主主义论》、《论联合政府》等，可以说佩服得五体投地。实际上，今天我们需要重新认识的问题，在这些著作中也已经接触到并有了初步解决。例如过渡到社会主义是一个很长的时期，在这个时期需要发展经济，只要有利于国计民生，允许资本主义有一定的发展，等等。可惜，这些属于毛泽东思想正确的东西，新中国成立以后，都被他亲手抛弃了，反而在“左”的道路上愈走愈远。到了十年“文革”，天下大乱做到了，经济则到了临界崩溃边缘，走上了一条绝路，天下大治有待后人。

当然，总的来说，新中国成立之前，毛泽东比较谨慎，比较实事求是。客观上的原因是敌人强大，有三座大山，还有共产国际、斯大林，这是客观的存在，也是巨大的制约。在这个时期，他根据马克思主义的基本原理，结合中国这样一个半封建半殖民地的东方农民大国的实际，创造性地发展了马克思主义，取得了革命的胜利。为了达到这个目的，毛泽东长期同“左”倾教条主义即同共产国际、同斯大林的错误领导作斗争，领导中国革命走向胜利。

开国之后，情况大变。经抗美援朝，认为美帝不过如此；赫鲁晓夫秘密报告之后，认为斯大林也不过如此；1957 年到莫斯科开会，对赫鲁晓夫当然不在话下；在党内是“鹤立鸡群”；认为知识分子其实最没有知识，远不如工农；群众闹事，没什么可怕。总之，失去了一切制约，早年思想中

“左”的东西抬头了；晚年“左”倾错误发展了，最后到登峰造极的地步。林彪高呼“四个伟大”，最中意的是“伟大导师”，这也是早年“君师合一”的思想。

总的来说，开国以来，毛泽东对如何在一个农业大国建设社会主义的艰巨性的问题，一直采取了“轻敌”的态度，一再急于求成，不能不犯“左”的错误。上世纪五十年代初，土改完成，认为封建主义已经解决。开始建设，争取苏联援助，沿用苏联模式。虽然《论十大关系》想摆脱苏联某些影响，走自己的路，但总的方向仍是从苏联那里来的：认为小资产阶级汪洋大海，时刻产生新的资产阶级分子；认为今后的斗争对象与要消灭的是资产阶级及其思想，硬将知识分子划入资产阶级。于是，紧锣密鼓，反右派结合反“反冒进”；几年间就能超英赶美，幻想向共产主义过渡。结果经济大倒退，饿死了几千万人。仍然不接受教训，转而从经济运动完全转向政治运动，认为从社会主义到共产主义这期间为整个过渡时期，一直存在阶级和阶级斗争，必须以阶级斗争为纲，造出“无产阶级专政下继续革命”的理论。终于不可思议地认为“资产阶级就在党内”，要消除“身边的赫鲁晓夫”，发动“文化大革命”，真正搞成了“天下大乱”。

应当说，关于经济方面的知识尤其对资本主义经济发展的历史，毛泽东是太生疏、太不理解了。他对资本主义的厌恶，恐怕还是源于马、恩早期对资本原始积累的野蛮和残酷，以及帝国主义的本能扩张性的揭示，而很少注意资本主义在历史发展中的进步意义和不断变化。在写《新民主主义论》时，他似乎注意到了中国还需要发展资本主义这一面，但革命胜利很快到来，急于社会主义改造，急于追赶苏联，完全不顾二次大战后资本主义在西方所起的变化,盲目估计世界形势,苏联卫星先上天,即“东风压倒西风”,以为社会主义阵营会很快战胜资本主义阵营了。于是资产阶级及其思想(包括知识分子在内)成为头号要打倒的敌人,而忽视了中国的根本问题在封建专制主义的思想没有肃清,自发的小农经济思想占优势。毛泽东一生只去过两次苏联,没有到过西方国家。他个人的经验主要在战争年代,以打仗和政治斗争为主,他非常熟悉的是中国传统文化尤其是帝王统治之术;经济方面只有“发展经济、保障供给”这一条,又不幸地以为搞经济难道会比打仗还难吗?于是过分迷信生产关系对生产力的反作用,迷信“发动群众”的威力,而且总觉得自己才是一贯正确。于是经济上无视实际,以浪漫主义之要求而令全国立刻见之于实际。当然,也还由于有这样的土壤,历史造成中国老百姓太听话,如鲁迅所言,习惯于当奴隶乃至当奴才,知识分子也是如此,敢讲话的也被整得不敢讲话了。三年“大跃进”死了多少人?保守的估计有两千万以上啊!我当时在北大荒劳改,几乎饿死。后来田家英等人听说我在挨饿,向李富春反映,才把我调回北京。回北京前先调到虎林镇上电厂劳动,在那里可以买到泥鳅,六毛钱一个的鸡蛋,才免于一死。我体会到挨饿是世界上最可怕的事。七千人大会上毛泽东做了轻描淡写的检讨。刘少奇却说了真话,“饿死人是要写入历史的”,饿死那么多人,“三分天灾,七分人祸”。林彪跳出来保护毛泽东,把一切错误说成是“不听毛主席的话”造成的。毛泽东对林彪的说法,非常满意。在损失如此大的关头,毛泽东仍未转弯,一意照既定方针办,不愿吸取教训;以后直至发动红卫兵来解决刘、邓问题,这是不可思议的。

狱中的思考

1967年我在安徽劳动。五月间公安部和中央办公厅来人,要我交代胡乔木、吴冷西、田家英的问题。我跟来人说:“他们不危险,危险人物是陈伯达。”我请他们带信给周恩来。后来他们再次来,将我给周的信退给我,说不能转交。随后11月11日,我被关进秦城监狱,住单人牢房。西方的狱政,除死刑外,与世隔绝的长期单监是一种最残酷的惩罚。被囚者会因此丧失思维能力、语言能力,导致神经错乱。在延安时听说过这样一件事:王若飞在国民党监狱单监五、六年放出来后,竟叫怀表为“锅盖”。原先我以为关的时间不会太长,后来看见监狱中有起重机在运作,知道还在扩建,必须作长期打算了。我下决心,一定要好好活下去,看看这一切是怎么发生的,问题何在。

开始几年没有书看,最后三年才允许读马、恩、列全集和鲁迅全集。为使身心健康,保持精神正常脑力不衰,除每天坚持在斗室中慢跑外,只好学习做旧体诗词。开始时是即兴口占,随作随忘。1973年,有一天跑步跌倒,手碰破了,护士给了我一瓶紫药水和几根药棉签。灵机一动,发觉可作“奇墨怪毫”。于是靠墙坐在矮床上,面对哨兵监视孔,越发规矩地捧着书本读书,偷偷地将“一箩筐酸果子”——几百首诗词录在自己的《列宁文选》(两卷集)上的空白处。后来诗集出版,题名《龙胆紫集》,来由即此。

马克思说过,受难使人思考,思考使人受难。中外古今,许多受难者成了思考者。我的狱中诗词,有一部分很含蓄地反映了我对毛泽东晚年

“左”的错误的思考。

高天云气暖寒斗，大地飙风南北旋；
节令更时旋斗烈，书生常在覆翻间。

这是写知识分子在各种政治运动中动荡不安的命运。毛泽东的哲学就是“斗争哲学”，他几乎不承认相对的平衡，不懂得阶段稳定性的必要，总是一个运动接着一个运动，拿有些群众的话来说，是“共产党吃不得三天饱饭，又要折腾了”。

万景冬来成一色，百花春到总千颜。
四时风物人殊好，独爱冰封未免偏。

世界是丰富多彩的，人是各色各样的，应当具有博大的包容性，允许人们有不同的个性，允许人们发出不同的声音。马克思的第一篇文章，批评普鲁士政府控制舆论，禁止言论自由，也是以自然界花色各异为例的；晚年还谈过，党内必须议论自由。反右派运动中，大家知道，稍有不同的看法、说法，便遭戴帽之灾。

真理过头成谬误，伟大可哈差一步。
中西谚语意常通，莫贬过犹不及句。

伟大与可笑之间只差一步，这是西方谚语。事情做过了头，走了极端,伟大就成了可笑。毛泽东的思想方法具有“过犹不及”的毛病,把什么事情都做得“翻天覆地”,其实很多事是渐进的改良的。

人皆有限识和知,心血来潮每自欺。
难免高明也失算,正如国手有输时。

这是不同意把毛泽东看成完美无缺的神人。恩格斯说过,任何一个人都受三种限制:时代、知识和思维能力(还应当加品德)。晚年的毛泽东对自己过分迷信,再加上一帮起哄的人,使他不能不犯重大错误。

还有一些诗也是针对毛泽东性格的偏激,如越来越喜欢个人说了算,听不得不同意见,如:

看事容易作事难,事非经过不知艰。
束修或少或多付,须戒囊倾一博然。

言行一致最为难,明哲时忘昨日言。
最是潮流难抵抗,搏鹏九万更昏然。

无择细流为大海,不辞粒土出高山。
船装万担因空腹,秤压千斤靠小权。

文火炖之肉烂香,频施猛火必焦黄。
和风细雨苗欢长,暴雨狂风禾易伤。

《龙胆紫集》中,有好几首歌颂毛泽东的诗,还有长诗,这些只到 1949 年革命胜利为止。

我在监狱中养成了理智地思考问题的习惯,这种习惯一直保持下来。长年独守空房,当时有条件想这想那,我有意冷静地思索,思索得很多。

我想到毛泽东的文化状况。前面已经提到,他崇尚我国传统文化,对接触甚少的资本主义文化一般采取虚无蔑视的态度。人所共知,他对中国典籍熟悉的程度远超过他对马克思主义的熟悉程度。他除执政后两次到苏联外,平生未出国门,对现代资本主义的状况几乎毫无接触。中国传统文化中正面的东西为其所用,将马克思主义中国化。但负面的东西,如基于小农经济的农业社会主义思想、大同理想、平均主义等他是有兴趣也有好感的,这是一个方面;另一方面,君权至上、乾纲独断,号令专行,以及封建专制政治下的君臣关系、驾御策略等,无疑都对他晚年错误思想的形成与发展,确有不同程度的影响。譬如他也讲民主,说过要让别人讲话,说过偏听则暗、兼听则明等等,但这只是居高临下恩赐的民主,也就始终不能使民主成为一种制度,成为一种生活习惯,成为一种决策的程序。

我也想过必须尊重独立人格、尊重个人创新。作为一个知识分子必须具有独立人格,消灭人身和思想的依附,才能焕发自身的创造力。这一点在体育竞技、科学发明、文艺创作中表现得最为明显。可是毛泽东却以做秦始皇为荣、为傲。这是使人至今不解,并不能不为之浩叹的。在中国像马寅初、陈寅恪这样敢于独立思考,保持独立人格的知识分子并不多;

钱钟书也是这样的知识分子，但表现比较消极。几十年来把知识分子放在被改造地位，变得服服帖帖，并务使他们人人具有“原罪”感，从而聪明才智受到巨大压抑。“文革”十年更是文明的大倒退。这真是历史的大悲哀。我关在秦城监狱时，“文革”在我脑中如一幅这样的图画：毛泽东像个巨人那样站在天安门，旁边站着一个瘦小的林彪，周围则是狂风落叶。

中国必须清算教条主义，必须清算封建专制主义，清算一切“左”的危害。

坚决贯彻邓小平 1980 年的讲话

应该说“文革”以后，经济方面比较好地吸取了经验教训，有了较大的突破。经过二十年的曲折、反复实践，我们终于认识清楚市场经济是人类社会历史上不可逾越的一个阶段，现代市场经济制度适用于不同的国家和社会，总之，利多害少，包容性强，效率较高，成本较低。只有通过市场经济，才能建设好社会主义初级阶段，这是邓小平理论上的一大突破。社会主义的优越性规定为实现共同富裕，避免两极分化（追求社会公正）。二十年的实践，证明邓小平理论的正确。当然，随着实践不断发展，这一新的马克思主义理论还要继续发展。

相对而言，改革开放表现在政治体制，即党和国家领导制度的改革，还显得滞后。

1980 年 8 月 31 日，中央政治局通过了邓小平《党和国家领导制度的改革》这一极其重要的讲话。由于当时发生了波兰团结工会的问题，有人提出要防止“自由化”思潮，这个讲话就被搁置下来了，直到现在，很少再提及。我在1997年7月列席中共十五大时的书面发言《关于防“左”的感想和意见》，摘引了邓小平《讲话》的很多原文，为的是以其正确性和权威性来说明《讲话》中所批判的封建专制主义的残余影响、权力过分集中、家长制作风、特权思想、党政不分、以党代政、党内民主生活不正常，法制的不完备和法治难以贯彻，等等方面，都还没有很好解决。而政治体制改革不能同经济体制改革同步进行，必然影响经济的更好发展，尤其使得国有企业改革迟滞不前；同时，权力不受到限制，没有各种有效监督，必然导致腐败丛生，甚至难以遏制。

党的十一届五中全会通过的《关于党内政治生活的若干准则》，十二个问题中有四个问题同邓小平《讲话》是一致的：坚持集体领导，反对个人专断；要讲真话，言行一致；发扬党内民主，正确对待不同意见；接受党和群众的监督，不准搞特权。“关于发扬党内民主”是这样写的：“首先要允许党员发表不同意见，对问题进行充分的讨论，真正做到知无不言、言无不尽。”“要严格实行不抓辫子、不扣帽子、不打棍子的‘三不主义’。”这些“生活准则”写得都很具体，但是，实行得怎么样呢？周扬事件就是这个《准则》通过不久之后发生的。

生活告诉我们：“左”的教条主义和封建专制主义的影响是根深蒂固的，每前进一步都是艰难的。记得在推行农村责任制的时候，有些省委的领导很生动地描绘过这个艰难的过程。“第一年说搞承包就是资本主义；第二年对搞承包的态度是你走你的阳光道，我走我的独木桥；第三年的态度是穷搞承包富不搞；第四年是富的也搞承包；第五年才觉悟过来——我落后了！”从计划经济到商品经济到市场经济，这个过程就更复杂了。看过一个材料，说西方禁止随地吐痰这件小事，也经过了一、两百年才得以实现。

政治体制改革看来也急不得，要比较彻底地解决需要一个过程。在这个过程中，前面谈过，我们要大力提倡讲民主，讲科学，讲法治。民主、科学、法治是构成现代文明社会的基本要素，也是我们肃清封建专制主义残余和克服“左”的教条主义不可或缺的条件。如果我们对于这个问题没有清醒的认识，不仅难以阔步前进，甚至有可能葬送改革开放以来所取得的成果。

（此文原应《对二十一世纪的嘱咐》一书稿约，撰于一九九九年夏。现重新改写。二〇〇〇年九月记）

（李　锐 文，原载《书屋》2001 年第 3 期）

第二章 弘扬理性 呼唤公民

也谈「启蒙」

上个世纪九十年代,有学者呼吁国人回归"五四"启蒙传统时,汉语知识界应者寥寥。启蒙在世界范围内已经过时,继续启蒙等于自甘落后,几乎是汉语知识界在世纪末的共识。现在二十世纪已是往事,我则认为,民主、平等、自由等基本的理念还未能切实传达给广大的民众,电视屏幕上涌现出越来越多的帝王形象,普通民众仍在期待强势个体的拯救。许多文本依然将公民称为群众,我们的日常生活、大众文化等还在前现代和现代之间摇摆。在这种生存情境中,有良知的知识分子都不能不追问:启蒙在中国真的过时了吗?中国能不能越过启蒙直接进入后现代?

答案其实不言而喻。

但是反对启蒙的声音曾经如此响亮,一度遮蔽了对于启蒙的吁求,其中必有可玩味乃至可借鉴之处。重视异见并同持异见者对话，本是启蒙主义的基本立场。启蒙的强大之处在于既允许别人反对启蒙，又能在与反对者的对话中证明自己的合法性。

我将在与反对启蒙者的对话中揭示一个真理：启蒙在中国、在世界范围内尚未完成。

中国真实的启蒙历程短得可怜。正是在这种意义上，我说启蒙在中国还任重道远。在启蒙的开端处，启蒙者必须言说常识：启蒙的目标是什么？五四时期的启蒙者将之归结为：让德（民主）赛（科学）二先生进驻中国。为何偏偏要选择这两位先生呢？目的无非是：通过立人而立国。立人者，使人站立起来也。使不曾站立起来者站立起来，便是启蒙的解放功能。陈独秀对此曾有恰当的言说：

> 解放者也，脱离夫奴隶之羁绊，以完其自主自由之人格之谓也。我有手足，自谋温饱；我有口舌，自陈好恶；我有心思，自崇自信；绝不认他人之越俎，亦不应主我而奴他人；盖自认为独立自主之人格之和，一切操行，一切权利，一切信仰，惟有听命各自固有之智能，断无盲从隶属他人之理。[1]

呼唤所有人成为自主自立者，乃“五四”启蒙运动最重要的话语实践，然而其中似乎暗含着一个悖论：你想使每个人都意识到自己有自主之能力和权利，但是启蒙与被启蒙者的二分法却预先设定了人和人的不平等地位。从二十世纪八十年代后期开始，此类质疑之声逐渐壮大，成为人们拒斥启蒙的最重要理由。上个世纪末的我也经历了由参与启蒙到反

对启蒙的精神历程,曾在《这个时代不需要启蒙哲学》中断言:

启蒙哲学设定了高高在上的启蒙者和谦卑的被启蒙者,前者作为知识精英总是通过话语照亮后者的心灵,把他们带入真理的澄明中去。它在本质上是与市场经济相对立的,因为市场经济的行动准则(游戏规则)是个体的普遍参与,而这要求承认个体的独立地位,即他具有独立决定自己行动的权利和能力;这种具有独立地位的个体本质上是不需要他人启蒙的,因为任何启蒙都设定了启蒙者和被启蒙者的不平等关系,取消着被启蒙者的独立地位。〔2〕

这种逻辑在较长的时间里支配着我,以至于我在写这篇文章之前仍犹豫不决。直到读了康德对于启蒙的定义,我才重新确立了对于启蒙的信念:

启蒙运动使人类从自我强加的受监护状态中解放出来。在这种状态下,人不依赖外在指导就不能运用自己的理性。这样一种我称之为"自我强加的"受监护状态不是由于缺乏理性,而是由于缺乏领导的帮助就没有勇气和决心来使用自己的理智。Sapere aude! 要敢于运用自己的理性。这就是启蒙运动的口号。〔3〕

康德的这番话揭露出某些汉语知识人对于启蒙曾经有过和正在有的误解——将启蒙与被启蒙的二分法强行塞入启蒙话语中,然后再郑重其事地反对已经被扭曲了的启蒙叙事,这实际上是所有反对启蒙者真实的精神历程。启蒙在英文中写作 enlightenment,其最基本的意思是照亮,所照亮的对象自然是人的心灵。这种意义上的启蒙归根结底不能来自他人——来源于外界的光亮可以照亮我的面孔,却不能照亮我的心灵,他人的话语不能像阳光照亮湖水那样照亮我的内心世界,照亮我心灵的只能是我内在的光明。人永远是自我照明的存在,启蒙的本质就是说出和传播这个真理。不相信自己的理性,以为自己不被领导和监护就无法生存,恰是启蒙实践所要揭露和消除的错误。对不敢运用自己理性者进行启蒙不是成为他们新的领导,而是呼唤他们自己照亮自己。启蒙归根结底是自我启蒙。

你是自由的,我是自由的,你和我作为自由人是完全平等的,这就是启蒙主义者所要说出的原初事实。启蒙非但没有启蒙与被启蒙者的二分法,而且要消解任何等级制,它是一种彻底的解放性力量。既然启蒙是解放性的,那么,将启蒙继续进行下去就可能是个合法的命题。启蒙是否仍有存在的理由,取决于这个世界上还有没有人不知道"我是自由的"这个真理。只要世界上还有一个人不知道自己是自由的,我们就必须将启蒙进行下去。在这个人口众多、信仰迥异、不断有新人诞生的世界上,所有个体都意识到自己的自立、自主、自由品格,恐怕是个永远的理想。即使到了二十一世纪——欧洲启蒙运动已经过了数百年之后,我们的地球村中仍有至少半数人未接受民主、平等、自由等基本的启蒙理念。中国的形势则更加严峻:官——民、领导——群众、上层——百姓之类的二分法依然流行,自由、民主、平等的意识在这个古老的国度里尚是比较稀缺的精神资源。在这种生存情境中,宣告启蒙已经过时,不是别有用心,就是痴人说梦。

写到这里，我仿佛听到了更严厉的反诘：你现在至多证明了启蒙在中国仍有存在的必要，但属于宏大叙事的启蒙主张在世界范围内确实已经过时，中国在补完启蒙的课后也将进入后启蒙时代。这个反诘在汉语知识界曾经被广泛接受，以至于许多人为避落后之嫌而不敢提启蒙二字。它的深层逻辑是：启蒙属于宏大叙事，宏大叙事过时了，所以启蒙也应终结。这个论断成立的前提是：宏大叙事已经不合时宜。然而这个前提恰恰是可疑的：在这个日益全球化的世界上，宏大叙事真的过时了吗？

中国人对于宏大叙事的恐惧源于对灾难的记忆："文化大革命"中，几乎每个中国人都被置于有关终极解放的宏大叙事中，被个人所不能左右的力量所主宰，被迫受难和牺牲。灾难过后的反思首先指向宏大叙事：历史真的有预定的目标吗？人类能否朝着理想的伦理——政治终端持续迈进？我们是否应该为实现远大的历史目标牺牲当下的个体性？知识英雄有没有权力以宏大叙事之名要求我们服从历史必然性？反思的结论一度十分清晰：宏大叙事将所有个体置于他不能左右的历史进程中，人们在选择宏大叙事的一刹那也就选择了奴役，因此，我们所蒙受的苦难源于对于宏大叙事的天真信任，宏大叙事与个体自由是正相对立的，人类必须在宏大叙事与个体自由之间做出非此即彼的选择。这种心路历程使得西方后现代主义解构宏大叙事的吁求在中国获得了迅速的回应，许多汉语知识分子带着解放、复仇、自我惩罚的三重快感同西方后现代主义者一同清算宏大叙事，质疑人类是否能够真的如启蒙叙事所说的那样"朝着理想的伦理——政治终端——宇宙的和谐迈进"[4]。在自以为找到灾难的根源以后，许多人开始像砸碎枷锁般解构宏大叙事，包括启蒙叙事在内的宏大叙事则一度成了压抑、落后、反动的代名词。有学者在这种背景中呼吁国人回归“五四”启蒙传统，自然不会引起太大的反响。然而，过于强烈的复仇意识往往会使复仇行为失于迷狂。当二十世纪的喧哗与骚动已成往事，我们可以冷静地反思我们对于宏大叙事的全面抵抗态度，在其中发现不周密乃至悖理之处：启蒙叙事——现代最重要的宏大叙事——在西方已经产生四百年之久，非但未造成类似中国“文化大革命”时期的全面压抑，反倒推动了社会生活的持续进步，这说明不是任何宏大叙事都会最终异化为对人的奴役，因此，奴役人的不是所有宏大叙事，而是某些封闭的或自我矛盾的宏大叙事。

西方后现代主义者对于宏大叙事的质疑归根结底属于启蒙主义的批判传统，与其说它解构了包括启蒙叙事在内的宏大叙事，毋宁说它要求所有叙事——细小叙事和宏大叙事——保持和加强其解放功能，所表达的实际上是将解放进行到底的吁求。在西方后现代主义者呼吁将解放进行到底时，以底线伦理、全球民主、生态保护为关键词的新宏大叙事开始兴起，决非巧合——在这个日益全球化的世界上，问题的关键绝不是要不要宏大叙事，而是如何在诸种宏大叙事之间做出恰当的选择。伟岸的英雄主角注定要退到历史深处（启蒙的历史效果之一就是消灭了启蒙英雄），但巨大的险情仍然存在（如核战争和全球生态危机），并且更加严峻（地球村时代的人类已经强大得足以毁灭自身），所以，人类比以往任何时刻都需要不断从这个星球的近景、中景、远景打量自身，需要通过协商制定共同的游戏规则，自然也更需要解放性的宏大叙事。真正的解放和自由不可能表现为文化的碎片化，也无法以迷乱的语言星云为基地，因为它需要人们在尊重自由上达成共识。现在世界上仍有二分之一的人既不“敢于自由”，也不“尊重他人的自由和自主权”，因此，启蒙在世界范围内并没有过时,启蒙叙事播撒自由、平等、民主理念的任务远未完成,它必须进行到底,直到所有个体都成为“敢于自由,尊重他人的自由和自主权”的人。

启蒙在世界范围内并没有过时。中国的启蒙实践尚在途中,但将启蒙进行到底并不意味着完全回到“五四”,启蒙话语本身也需要不断更新。五四时期的启蒙主义者大多以知识精英自居,在发布启蒙话语时仿佛是在进行自上而下的宣谕,往往不自觉地流露出某种优越感。这种做法与启蒙叙事的个体平等原则相悖,至多只能是过渡性的。二十一世纪的新启蒙必须坚持个体平等原则,彻底超越启蒙者与被启蒙者的二分法,让启蒙真正成为个体普遍的自我解放。同时,启蒙的目标是人的解放而非文化清算,所以,“五四”启蒙运动激烈的反传统态度在今天看来既无必要,又会压抑本民族文化生长的内在可能性。秦汉以来的传统文化以专制主义为主旋律不等于我们要与传统文化彻底决裂,因为我们完全可以将传统文化整合到启蒙叙事中,使之具有新的意义和功能。古希腊时期的西方大哲普遍赞同奴隶制,亚里士多德甚至认定“那种在本性上不属于自己而属于他人的人,就是天生的奴隶”[5],但这并未使他们在文艺复兴时期成为反动、愚昧、奴役的代名词,西方的启蒙主义者仍以复兴古希腊文化为荣,为什么中国的现代文化革命一定要与传统文化彻底决裂呢?西方的文艺复兴运动既吸纳了古希腊文化的精华,又坚决地摒弃了其等级主义观念,中国的新启蒙实践也完全可以在解构专制主义的同时回到汉语文化的源头,让最遥远的东西推动当下文化的生长。回到传统文化绝不是任历史上流传下来的东西统治我们,不是复辟,而是对传统文化进行重新整合,赋予其新的意义,使之成为当下文化的内在构成。

没有传统文化的支援,任何文化革命都必将短促无力,缺乏后劲和底蕴。“五四”以来的中国启蒙运动未能进行到底,固然有复杂的因缘,但对于传统文化的纯然否定态度却不能不说是其中最重要的原因之一。二十一世纪的新启蒙运动要获得成功,不但要继续“五四”反对专制主义的大业,更要推动汉语文化的文艺复兴,用汉语书写中国人的宏大叙事。

注释:

〔1〕《陈独秀文选》,上海远东出版社 1994 年版,第 2 页。

〔2〕《社会科学报》,1998 年 9 月 24 日。

〔3〕(英)卡尔·波普尔:《通过知识获得解放》,中国美术出版社 1996 年版,第 178 页。

〔4〕王岳川编:《后现代主义文化与美学》,北京大学出版社 1992 年版,第 25 页。

〔5〕(古希腊)亚里士多德:《政治学》,中国人民大学出版社 2003 年版,第 35 页。

(**王晓华** 文,原载《书屋》2004 年第 10 期)

天赋人权与人赋人权

吃饭

所谓天赋人权，实际上就是人在自然状态下就已经享有的权利，所以也有人直接把它称作自然权利。相比人在进入文明社会以后用法律固定下来的权利，它不受人间任何意志或权力的干涉，只以自然法作为它的根本准则。比如对一个人来说，吃奶就是天赋人权。因为吃奶是人类在进入文明社会之前就有的，而且对每个人来说，又是与生俱来的权利，因而被认为是天赋人权。相对而言，喝奶粉的权利就是人赋的，而不是天赋的。因为自然在造女人的同时，只赋予了每个育龄期的妇女一对坚挺的乳房以及在产后流出乳汁的能力，而没有给每一位分娩后的妇女，同时配备一把汤勺、一个奶瓶以及一堆按“科学配方”配制好的奶粉。因而小孩喝奶粉的权利就只能被认定为是人赋的。

人赋人权当然没有什么不好——至少比人夺人权强——但人赋人权必须和天赋人权相适应。也就是说,人赋人权只能是在天赋人权基础上的合理推演,它不能和天赋人权相违背,否则,就会遭到报应。比如在文明社会里,母亲当然有保持体形的权利,但我们不能假设自然单因为女人“优美的曲线”就造出一对乳房和两个乳头来,因而保持体形的权利就只能是人赋的,而不是天赋的。当人赋的“保持体形的权利”高于天赋的“吃奶的权利”,即全人类的母亲都拒绝母乳喂养时,它的孩子就会因缺少某种抗体而失去免疫力。因为人类现在不知道,而且永远也不知道自然在母乳里究竟放了什么微量元素。

幸好,人吃奶的时间很短暂,人一生大部分的时间是吃蔬菜和粮食。吃蔬菜和粮食当然也是天赋人权。这就是说,人最初对大地上所有自然出产的果实,享有绝对的主权。任何一个人,只要他来到这个世界上,便不分男女老幼、贵贱尊卑,只要饿了,便可以像一只树獭一样随意摘取他认为可以吃的东西,不必征求其他人的同意。“瓜田不纳履,李下不正冠”、“不拿群众一针一线”是后来随着私有权的产生,人类才有的清规戒律。

私有权是怎么产生的?是劳动产生的。是劳动增加了土地原本很低的产出,是劳动驯化了动物,使它们脱离原来的自然状态,成为人类生存的一部分。没有谁会否认经过自我垦殖、耕耘的土地,收获应当归我;没有谁会否认经过自我驱逐、杀戮的野鹿,应当归我烹煮。

自然理性告诉我们,谁使自然的东西脱离了原来的状态,谁就拥有了他劳动后增加的那部分利益。因为劳动既然是一种天赋人权，那么，劳动后所得的财物就天然地属于我自己。至少在给别人留有同样的可供开垦的土地和可供利用的牲畜情况下，事情就是如此。

那么，这种私人占有财物的情况是什么时候发生的？是劳动前，还是劳动后？一个小孩看见树下有一只苹果，准备弯腰去拾的时候，这只苹果仍然不属于他自己。因为这时完全有可能有一头野猪以迅雷不及掩耳之势将苹果叼走，而且算不得抢夺。只有当这个小孩将苹果攥在手里，另一个小孩劈手将其夺走的时候，才是真正的强盗行为。同样，在印度河里顶水的少女，只有当她将河水舀起、盛在罐里的时候，这水才真正属于她自己，而她在这里洗手或洗澡的时候，印度河不能属于她一个人。

这就是国家产生以后，各国确立财产权的基础。但在货币和贸易形成以后，情况稍有不同。因为在自然状态中，一个人不可能收藏比他自身享用多得多的东西，一来造物主不会允许他糟踏和败坏粮食，二来为他所享用不了的东西耗费精力是一件愚蠢的事情。一个人吃得再多、再好，也是一日三餐，住得再大、再豪华，晚上也只能睡一个人的床铺。因而他的占有、他的贪婪不会侵害别人的利益。但有了货币以后，一个人可以收藏超出他自身享用几千倍、几万倍的东西。财物的观念价值远远大于它的实用价值。这时，一个人、一个组织或一个国家就有可能运用才智和武力，宣布一定范围内的土地、山水、矿藏全部属于自己。

当然，一定范围内的土地、山水、矿藏属于一个人、一个组织或一个国家，也不是绝对不可以。但这得有个条件，就是你得征得在你所有权范围内其他居民的同意，而且得保证他们人人有饭吃。否则你就别怪他们砸烂了你的设备，毁坏了你的园林，割断了你的输油管道。除非你能证明,你的财产比他们的生命重要,或者,自然造就他们的目的就是为了饿死他们。也就是说,来源于永恒的自然法这时仍然适用,而且高于各国明文制定的实在法。如果一个人、一个组织或一个国家将部分或全部土地和自然资源占有,又无法保证人人有饭吃,那么他(它)就得放弃所有权。因为天赋人权高于人赋人权。私有财产或国家财产无论如何神圣,也不能“神圣”到因为他(它)的占有而使别人饿死的程度。伯夷、叔齐因为不满周武王的以暴易暴,躲到首阳山,义不食周粟,整日煮薇菜充饥。因为古老的自然法则告诉他,自然的每一片山林、每一洼湖泊、每一株草木都赐给人类自由享用,但“周粟”却是周朝臣民的劳动产品,他俩无权免费享用。至少还在留有像首阳山这样的荒山野岭可供别人开垦时,事情就是这样。但最后当他们听说,“普天之下,莫非王土”,连他们吃的薇菜也属于“圣上”时,就只有饿死。喜儿不堪黄世仁的凌辱,逃到深山,以吃野果和供果为生。但她比伯夷、叔齐幸运的是,黄世仁虽然广有良田,但他知道野果和山洞不是他的,所以不敢组织人马搜山,也没有通知当地警察机关将“三无人员”杨喜儿收容遣送,否则喜儿肯定会被饿死,或者会被收容站的工作人员打死。

但现实有时比喜儿遭遇的更坏。因为文明世界已基本上不允许人们随意采摘果实,也不允许人们随便睡在哪个山洞里。除非他心甘情愿被国家森林公园里戴红箍的抓住,并严加看管。这时就有一个问题,即如果一个人、一个组织或一个国家将全部土地和自然资源占有,又无法保证人人有饭吃,而且拒不放弃所有权,那么,作为一个个体的人,他将如之奈何?依照风险系数的大小,大致上可以有三种选择:抢粮食;讨饭吃;等死——如果等死也算一种选择的话。第一,抢粮食,有时也叫“吃大户”,

或者“打土豪,分田地”,学名又称“造反”、“起义”、“革命”等,不一而足。因为要冒杀头、凌迟、灭门九族的危险,所以过去的一切经验表明,不到万不得已,人们不愿因此铤而走险。最常见的选择是“要饭”。一般来说,要饭不是一件体面的事情,因为在他所索要的食物上面没有自己的劳动。而我们知道,如果没有劳动,麦子不会变成面粉,水不会变成酒,树皮不会变成布料。但有一种情况下,要饭就是一件无可厚非的,甚至是有尊严的工作,即所有者剥夺了天赐的土地,且不许他通过诚实劳动养家糊口,这时,要饭就成为一项神圣的权利,同其他工种一样,没有高低贵贱之分。至于最后一种“等死”,我没有经验。当然,如果我有了经验,即确实等到了,也没有机会报告大家了,因此还是付之阙如的好。

喝 水

除了吃饭外,喝水当然也是天赋人权,我们不能设想自然给人造了各种喝水及排水的器官是故意逗你玩。联合国人权宪章规定人人有饭吃,而没有说人人有水喝,是因为喝水的权利在起草者看来是不言而喻的。中国先人造的“活”字,从“水”从“舌”,足见古人早已意识到喝水对人是不可或缺的。而需要搞清的是,喝水的权利是天赋的,但喝开水的权利却是人赋的——人嫌自然所赐的冷水不好喝,就用火将它烧开。因此,你可以在你足迹所到之处的任何一条河流里喝水,但你不能闯到任何一户农家或市民家喝开水。因为水变成开水是需要劳动的,而根据自然理性的法则,任何一种自然产品一旦有了劳动,就天然地变成了劳动者的私有物,至少在将整条河流留给别人解渴的情况下,事情就是这样。

一个开发商要将河流变成鱼塘，当然也可以，但这应有三个相互关联的条件：征得附近居民的同意；免费供给他们水喝；供给水的水质不得低于自然提供的冷水。关于第一条，你可以召集饮用此水的全体居民公决，也可以和他们的委托代表谈判，必要时甚至可以承诺，免费供给他们开水等。但有一点，你得保证人人同意，即如果他们当中有一人酷爱冷水，他嫌热水烫得慌，你就得另外协商补偿，比如你可以将鱼塘里的鱼免费送给他品尝等。如果一切办法都想了，他还是不答应，你只能拨出一条小溪给他。关于第二条，即免费供应水的问题，是要照顾他们中一些弱势群体的利益。假如你的水是收费的，而他们中一些人由于智力、残障或由于懒惰交不起你索要的费用，就很难保障他们的天赋人权。但你知道，在你未来之前，自然是从不向他们收费的，不管他们穷富、贤与不肖。最后一条，即供给水的水质不得低于自然提供的冷水，原因是：我们说的“喝水是天赋人权”的“水”，指的是自然赐给人们的天然的、干净的并能保证人们健康的水，不是自作聪明的什么“纯净水”、“矿泉水”，更不是工业废水。

如果一个开发商既没有征得附近居民的同意，又不能免费供给他们干净的水，那么，凡饮用此水的任何一个居民都可以将他的鱼塘砸烂，以显示天赋人权的神圣性。因为我们不能假设自然将各种饮水的器官近乎完美地统一到人体上，又恶作剧似的不给他们水喝；也不能假设自然将这一条河凿在此处，又让这里的居民到别处挑水，这不符合它的节约原则。而我们知道——以往的一切科学研究也证明——自然创造天地万物，哪怕是微小到一只臭虫都不会浪费精力或多耗材料。

类似的例子当然还可以举“呼吸”，因为呼吸也是天赋人权。但同样需要指出，这里说的"呼吸"，不是呼吸废气，更不是毒气，而是自然所赐的天然、干净、新鲜的空气。我们可以设想，假如造物主的意图就是要人们呼吸含有各种工业灰雾、二氧化硫以及 SARS 病毒的大气，就是要人们戴着口罩呼吸，那么，它为什么不事先在人的鼻子上一劳永逸地打造一幅口罩？——但这个道理讲起来和喝水差不多，故不赘述。

拉 撒

"拉撒"这个词让正人君子、贵胄小姐们一听就皱眉头，但只要他一生中有过一次内急的经验，他就会承认，拉撒也是一项天赋人权。只不过这项人权不是自发的、原创的，而是由吃饭、喝水的权利派生出来的。也就是说，如果自然有一天要取消人们吃饭、喝水的权利，那么，就用不着另行发文，说将拉撒的权利也一并收回。因为"拉撒"的权利是附着在吃喝权利上的，取消了吃喝，自然就取消了拉撒。

与文明社会"小便入池、大便入坑"的规矩不同，人们在自然状态中是可以随地大小便的。"天赋人权"中的"拉撒"指的不是到厕所里拉撒，更不是到装有电子音乐和按摩器的厕所里拉撒，而是就地拉撒。后来随着人口密度的增加，人们发现就地拉撒有诸多不便。比如招惹苍蝇、污染空气、私处被人看见……我们甚至可以设想，有一个祖先好不容易发现一头野鹿，正待追赶，不料脚下一滑，跌了个趔趄，起来一看是一泡人类的粪便，而野鹿却早已消失在视野之外。第二天，他就把他的遭遇向邻里诉说。虽然那时没有报纸，人们没有看到类似《都是大便惹的祸》之类的文章，但他的不幸还是从一个村庄传到了另一个村庄。人们聚集起来，商议对策，其中好多“受害者”结合自己“滑倒”的经验，提出修一个地方，然后大家集中拉撒。于是，第一个厕所就诞生了。

有了厕所以后，人们不再有随时滑倒的危险，也减少了疾病传播的机会，但所有这一切都是以人们自动放弃随地大小便的自然或自由为代价的。具体地讲，就是在有了厕所以后的最初一段时间里，人们虽然感到很不习惯，但想一想厕所给自己带来的种种好处，人们还是默认了这种口头的自然契约，即进入公共社会的每一个成员为了群体的幸福、安全，牺牲了天赋的随处便溺的权利，以换取整体——当然也包括自己——利益的扩大。但任何权力，哪怕是独裁、专制的权力，都要受设置这些权力的理由和目的的限制。比如在战时，一个军官可以开枪打死一个临阵脱逃的士兵，但他不能强奸他的妻子，因为这与保卫国家安全的需要无关。具体到拉撒的问题上，那就是，既然处在自然状态中的每一个人将随地大小便的自然或自由交给公共社会，公共社会就应当还每一个人以更加安全、舒适的便溺环境。否则，我们就不知道这些有理性的动物为什么要将自然或自由交给公共社会？公共社会又有什么必要和权力限制人们的随地大小便？

如果放弃自然或自由的惟一目的，就是公共社会能增进他们的福利，那么，自愿加入公共社会的每一个人都有理由要求社会提供给他们的拉撒场所至少不差于荒山野岭的石崖和树丛。这具体可以量化为三条指标：厕所要多；厕所要干净；厕所要免费。第一，“厕所要多”，是由拉撒的生理特点决定的。俗语说的“水火无情”指的就是便溺的紧急情势。如果纽约的街头有一座斥资巨亿的豪华厕所，那么，对一个等待如厕的北京老太太来说就等于没有，因为她不可能挟着一泡热尿走很远。第二，

“厕所要干净”，是由设置厕所的目的决定的。本来自然状态的荒山野岭就不脏，只是后来出于卫生、害羞等考虑，人们才决定修厕所的。而如果一个文明社会的厕所苍蝇乱飞、蛆虫遍地，那么就使得厕所的存在毫无意义。第三，“厕所要免费”，是因为自然没有规定穷人不准拉屎送尿，证据是穷人的排泄系统至少和富人的一样完善。当然，一个人嫌免费厕所简陋，花钱在他的住地盖了一座高级厕所，适当收取周围居民的费用也可以。但这有两个条件：附近得有大量不收费的厕所；要保证穷人免费使用；否则，你就不用怪他们随时在你家的墙根下拉屎送尿。不管是一个村庄还是一个城市，如果它的厕所很少，收费又没有经得大多数人的同意，那么任何人都可以在任何一个他认为合适的地方脱下裤子。一个社会也一样，如果它的厕所都是收费的，收费的标准又超过了一些人的实际承受能力，同时还不允许人们到厕所以外的地方拉撒，否则就要课以重罚，那么，这个社会就是“黑社会”，非但不配称“文明”，而且比“野蛮”还“野蛮”。

上海近几年的“现代化”步伐很快，一个重要的标志是在人口集中的地方多了一些“流动方便车”（亦称“流动公厕”）。但美中不足的是“流动方便车”太少，大概每隔三四站有一辆，而且每位“乘客”只有投硬币一元才能打开“方便之门”，且每人每次限时二十分钟。这样，每位内急的人必须同时具备下列四个条件才能完成排泄：奔跑的速度要快——最好是飞人乔丹的步子，否则你就不可能从三站以外及时赶来；要有钱；要有零钱；要能在二十分钟之内解决。关于第一条，正常人可以通过冬练三九、夏练三伏来达标，但对于一个先天有残疾或腿脚不灵便的人来说，恐怕就永远不能登车“方便”了；第二和第三，涉嫌歧视穷人以及虽有钱但恰好没有零钞硬币的富人;第四条只在风调雨顺的情况下适用,如遇跑肚拉稀、便秘等紧急情况,恐怕就只能提裤出来,补办了申请加时的手续重新再来——否则,门外戴红箍的就会拉响警报,里面顿时铃声大作,令你欲罢不能。

不知道世界上像上海这样的"文明城市"有多少,也不知道在"文明城市"中像上海这样的做法是不是具有普遍性,但这样的"文明"实际上已经背叛了人们当初建立公共社会的初衷——至少是在拉撒的领域里。因为既然拉撒是天赋人权,到厕所里拉撒是人赋人权,那么人赋人权(如厕)就永远不能和天赋人权(拉撒)相冲突。一旦冲突,社会中的任何一个人都有权采取他认为符合自然法的办法来讨回丧失的尊严。因为人们当初放弃随地大小便的自然或自由,就是为了换取社会更好的如厕福利,而社会现在运用收费、罚款等权力手段限制甚至是剥夺人的拉撒权,就等于单方面撕毁了和人们订立的自然契约,将人们重新推回到了自然状态中。而在自然状态中,惟一可行的法律就是自然法。

除拉撒外,咳嗽、放屁、打喷嚏当然也是天赋人权。但与拉撒不同的是,它们不需要厕所。一个人只要不将唾沫和口水喷到别人脸上,社会实际上很难控制别人的咳嗽、放屁权。但也有例外,在 2003 年"非典"肆虐中国的时候,北京市平谷区金海湖镇胡庄小学为了净化空气、减少传染源,规定每个小学生"当众放屁罚款五元"。"放屁"而且是"当众",罚款就达五元之巨,这个规定令人不解:坐在教室里发出巨响,当然是"当众",但忍气吞声,走到厕所里,厕所里如果有人算不算"当众"?看来这个屁要顺利通过胡庄小学孩子们的肛门,只有坐车跑到孤山旷野里了。

性 交

性交的权利有些特殊，因为性交不可能一个人完成。既然性交只能发生在两个不同性别的人之间（同性恋不在本文讨论的范围之内），那么就必然牵扯到另一个人的权利问题。因为根据自然理性的对等法则，你有性交的自由，可别人也有性不交的自由，你不能以你“性交的自由”妨害别人“性不交的自由”。因而两性之间的性行为以“自愿”为第一原则。

一对男女在自愿的基础上，两情相悦地进行性吸引、性占有，我们称之为性爱。性爱是自然赋予人类的一项神圣权利，任何人间法规都不应当与此相悖。因为根据自然法则，人这种动物是不宜于独处的，于是，自然造就了男人，又造了女人，为他传宗接代。但无限智慧的造物主担心人类有一天会看穿生殖和繁衍的实质——为至高的牧者制造羊只——而消极懈怠。因此，造物主命令人离开父母与妻子连合，并在徒劳无益的性行为中赋予了无限快乐的本能。从此，求偶和生育就不再是人为了满足自身欲望而进行的身体活动，而是自然赋予人的一项庄严使命。

比起性爱的神圣、伟大，人间的任何禁忌与限制都显得微不足道。比如，父权（包括母权）是人生在世首先要遇到的权力，但它只是为养育和保护幼小的子女而设立的，自然因为人在幼小时候的孱弱无助和懵懂无知，特别赐予父亲一定程度的统辖权以帮助孩子成长，直到他能独立运用理性为止。因而，父权与其说是“权力”，还不如说是“义务”，一种替造物主看管“作品”的义务。任何超出此“义务”的权力都是无效的。比如，父母无权规定子女和谁性交，什么时候性交，因为这与设置父权的目的无关,就像父亲要处死或致残子女一样。子女也没有权利放弃自己不能放弃的东西,他们在年幼时,根据自然的安排放弃的只是一部分生命及自由权,比如,孩子没有吞金的自由,也没有跳楼的自由,但他们不能也没有预先放弃成年后的性爱权。当一个青年已经知道什么是美的,什么是丑的,什么样的性爱对象是适合自己的,并知道用什么方法赢得对方时,就可以肯定他已经达到了独立运用理性的程度,父母不再拥有干涉和指导的权力。也就是说,一个人只要不是精神病患者和白痴,如果他已经知道了性交,并知道用合乎情理的办法占有对方的身体时,就说明他的心智、体格已经达到了成熟的境界,而子女身心的成熟,恰好就是父母权力的目的,即子女成熟的开始,也就是父母权力的结束。一个明智的父亲应当忧虑的不是自己权力的终止,而是一个到了或已过青春期的儿女还"坐怀不乱",那才表明自己的失职。

父母的权力虽然是暂时的、有限的,可以让渡的,但毫无疑问,基于养育之恩和慈爱的心理,他们可以根据自己的性经验对子女的恋爱、婚姻提出建议。但这只能协商,不能强迫。一个民族几千年来替下一代选择性爱对象,并规定他们在何时何地性交,是这个民族历史上最无耻的一页。世界上还有哪个民族用几千年的时间动用全社会的知识力量,罗织各种理由,明目张胆地侵犯下一代人的性爱权?所谓"父母之命,媒妁之言",是导致这个民族衰弱退化的主要根源,以致一部文学史就是一部青春年少的男女向年老体衰的父母讨还性交权的历史。我们看《孔雀东南飞》,哪里是什么"封建制度"摧残"美好、进步"的爱情?分明是一个处于更年期又常年守寡导致严重性变态的妇人利用母权驱逐假想情敌的严重事件。在这儿,焦母和刘兰芝不是阶级关系,也不是婆媳关系,而是情敌关系。而最终是焦仲卿的死亡终止了这场不公正的爱情博弈。从最早的那个丈夫叫“氓”的女子算起，包括唐婉、陆游、崔莺莺、杜丽娘、李香君、贾宝玉、林黛玉、秋瑾，他们无一不是父母利用国家道德合法剥夺子女性爱权的牺牲品。

国家或者社会当然可以对其成员的性爱、婚姻进行良性引导，但像父母对于子女一样，只能协商，不能强迫。因为比起天赋的寻找异性的权利来说，一切国家、社会有关婚姻、家庭的规定都是人赋的。如果一对男女的性爱活动没有损及其他人的利益，社会应该清楚它是无权过问的。社会的职责是保护，而不是限制公民的性爱权。这是每一个代表社会行使执法权的人所首先应该明白的。例如一只公兔子想和一只母兔子交媾，就用不着拿着街道办事处的介绍信到老虎那里登记，而文明社会对自愿的婚姻也普遍采取注册的办法是为了更好地保护当事的双方，比如制止强奸、预防重婚、保护妇女和儿童等……因此，就本义而言，法律与其说限制，还不如说指导一个有理智的人正当地追求他的权益。符合此目的的我们称之为“良法”，不符合此目的的我们称之为“恶法”。

具体到性爱问题上，就是说社会实际上无权规定，一对适龄男女在何时何地采取何种方式性交。比如，一般说来人们出于天生的羞耻之心，并不愿意将性交这样的私生活暴之于野，但由于某种迫不得已的原因，比如贫穷、疾病或慌不择食等，一些人可能在有人的地方交合——我上中学时就在老家陕北，亲眼见过一对乞丐在大桥下面公然“野合”。社会如果采取一刀切的强硬措施，就有可能剥夺一些无家可归者、无床可上者的性交权。再比如，西方在上世纪六十年代曾兴起过一场名为“天体营”的运动。那是一场旨在反叛现存传统的文化革新运动。对此，社会公权机关如果“从重从快”地取缔，就有可能侵犯公民的“表达自由”。因而当“营”里的男女赤身裸体、狂歌滥舞时，警察只能站在“营”外“放哨”，并愁苦地说：“看来要让他们穿上衣服只有等待冬天的降临了。”卖淫嫖娼当然是丑恶行为，但这属于道德范畴内的事情，如果不牵扯拐带、诱骗、胁迫等非自愿行为，它本身并不违法。如果代表社会的公权机关不问青红皂白一律“严打”，就有可能侵犯男女双方的权利，尤其是女性支配自己身体的权利。因为只有“权性交易”涉及公器私用时才是真正的犯罪。一个社会如果嫌卖淫嫖娼不好看，就应当首先保证每一位妓女能拥有比卖淫更有尊严的收入和工作，并能以一套科学而行之有效的方法进行预防和管理。《圣经》上有这样一个故事，文士和法利赛人带了一个行淫时被拿的妇人来问难耶稣，声称要用石头将其打死。而耶稣只是弯腰在地上画字，良久，才说了一句：“你们中间谁是没有罪的，谁就可以先拿石头打她。”结果，跃跃欲试的道德民兵都灰溜溜地出去了，剩下耶稣对那个妇人说：“我也不定你的罪，去吧！从此不要再犯罪了。”

说 话

说话的权利当然也是天赋的。但作为天赋人权的“说话”，指的是用喉咙说话，不是指到报纸、杂志、电台、电视、网络上说话。

自然状态下的先民当然也用喉咙表达思想，但想不到发表，更谈不上版税。比如，一个女猿人爱上了一个男猿人，不会直接就把他拉进洞穴按倒交配，合乎情理的想象是，女猿人攥住男猿人毛茸茸的大手，嘴里发出一些在我们现在看来稀奇古怪的声音。这就是求爱。那时当然没有文字，但女猿人发出的就是“爱情诗”，女猿本人就是“美女作家”。但后来人们觉得单靠声音交流，传播面窄，且不易留存，于是就发明了文字。比如，一个部落酋长发现山背后有一头獐子，就立即召集部落成员商议，谁打前锋，谁攻后卫，谁跑中场，肯定是有一番争论的，但由于没有文字记载，我们就不能看到那时候的领导讲话和普通群众“举手表决”和“掌声通过”的情形。

有了文字当然是好事，人们可以汲取更为久远的经验，可以更广泛地传播自己的思想和意见，但“治人者”几乎从文字诞生的那天起就意识到了问题的严重性，所以仓颉造字“天雨粟，鬼夜哭”。比如，在口口相传的“说话”阶段，皇帝爬灰、皇后偷汉，只可能在后宫以及几个亲随大臣之间流传，而且用不了几年就会湮灭无闻，而现在史官把它记录下来，刻在龟甲和兽骨上，这些秽乱宫闱的秘事就不再是几个宦官咬着耳朵互相传播的小道消息，而是一件铁板钉钉的千古事实。于是，各种各样的封禁办法，形形色色的书报审查，名目繁多、骇人听闻的文字狱从此史不绝书。

文字发明以前当然也有不让人说话的先例，但除了派人盯梢、雇人告密以外，没有什么好办法。周厉王统治时期，文字有了，但还不至于有报纸，他的残酷暴虐国人不能公开批评，就逢人讥讪嘲弄。厉王大怒，就在卫国雇了一些跳神的老婆子，监视他们，“以告，则杀之”。这是最早的政府打压言论自由的例子。但从理论上讲，这个办法愚蠢透顶，如果以一双眼睛盯一张口计，全国就得有一半人口被训练成卫国的老婆子——况且百姓不能说话，但还“道路以目”（用挤眼睛来表情达意）。所以，不出三年，国王就被流放到山西去了。

除了盯梢、告密，当然还有更彻底的钳制人口的办法，那就是割喉咙。割喉咙又称“罗马刑”。但与我们想象的正好相反，不论在罗马，还是欧洲其他地区，割喉从来都不是独立的行刑方法，往往只是临时的加重刑罚的手段。只有非洲、亚洲、中美印第安人以及墨西哥的一些原始部落还使用“割喉刑”，但目的不是压制舆论，而是用于祭祀神灵。只有历史上的某些政权才将其列为自己制服思想犯的行刑方法。史料记载，从 1975 年到 1978 年，“红色高棉”用刀割断了成千上万人的喉管，有些行刑者甚至重新启用了一种古老的割喉办法，那就是用尖利的棕榈树叶划开犯人的喉管，然后在颈动脉旁来回不停地拉。

用棉花塞嘴、用布条堵口或用竹筒封喉，比起割喉咙当然轻得多，但目标是一致的，那就是不让人说话。而经验告诉我们，一个有言论自由(用报纸说话)的国家绝对有“口论自由”(用喉咙说话)，而一个有“口论自由”的国家则不一定有言论自由，但一个连“口论自由”也没有的国家则绝对不会有言论自由。因此，历史上凡有远见卓识的民主政治家，无不对言论自由给予极大的信任。杰弗逊有一句名言：“如果让我在一个没有报纸的政府和一份没有政府的报纸之间选择的话，我会毫不犹豫地选择后者。”出于对天赋人权的敬畏和尊重，也鉴于以往国家剥夺个人表达权的沉痛教训，在这些伟大人物所创立的、对人类的文明进步曾起过或仍然起着巨大作用的历史文件里对言论自由都有明确的阐述：《人权宣言》认为，“无拘束地交流思想和意见是人类最宝贵的权利之一，每个公民都有言论、著述和出版的自由，只要他对滥用法律规定情况下的这种自由负责”(第十一条)；《世界人权宣言》的创立者也认为：“人人有权享有主张和发表意见的自由；此项权利包括持有主张而不受干涉的自由，和通过任何媒介和不论国界寻求、接受与传递消息、思想的自由”(第十九条);美国宪法的起草者做得更绝,正文部分凡七条二十一款,无一字一句提及言论自由,但在修正案中则以第一条的位置不容置疑地写道:“国会不得制定下列法律:建立宗教或禁止宗教自由;削减人民言论或出版自由;削减人民和平集会及向政府请愿伸冤之权力。”因为在起草者看来,保障言论自由对政府来讲是不言而喻的,所以正文里没有提到言论自由,而修正案也没有像一些暴政国家通常做的那样,反过来又对宪法已经规定的自由作出限定,而干脆说“不得制定”。

国家或社会将天赋的说话和表达意见的权利用法律的形式固定下来,当然是好事。只要不与天赋人权相悖,任何基于自由目的的法律都是对个体生存空间的拓展和延伸。因此,历史上凡有理性的政府对异己言论从来都是有容乃大,虚心接纳的。孟夫子倡言“君视民若草芥,则民视君若寇仇”,言词峻急,但梁惠王并不以“危害国家安全”而降罪;司马迁将“开国之父”刘邦写成无赖儿郎,并指斥当朝元首汉武帝“好大喜功,残民以逞”,也并没有见他以“煽动”罪身陷囹圄;唐诗人李白喝得烂醉,作“天子呼来不上船,自称臣是酒中仙”,也并没有见当地警察机关因“扰乱地方治安”行政拘留之。只有丧心病狂的当权者才惟我独尊,容不得一星半点异己的声音。好同恶异,顺昌逆亡,穷凶极恶地抓捕异议人士,当然有效,然而有限,所以古来长治久安的王朝没有一个是靠刺刀和暗探维持的。秦始皇“偶语弃市,以古非今者族”,可惜二世而亡,前后不过十五载;国民党军统林立,特务满天,但从 1927 年窃取大宝算起,也只二十二个春秋,就流窜到孤岛上去了;友邦“老大哥”契卡开路,克格勃继后,辅以活埋、劳改、举家流放等措施,但在度过七十二岁的“中寿”以后,这个不可一世的帝国大厦仍然像纸房子一样地坍塌了。“防民之口,甚于防川,川雍而溃,伤人必多”,这是周厉王以杀止谤,周召公对他说的话。后来的“权力者”亦无不将此奉为治世的格言。可惜的是,“治人者”“奉”之而不鉴之,亦使后人复哀后人也。

行 走

行走当然也是天赋人权。我们不能假设自然赋予人两条腿又不让人走路,就像我们不能假设自然赋予鸟儿两只翅膀又不让它飞翔一样。中国话讲“千里之行,始于足下”,就是指人走路所必须借助的工具和手段,因而缠脚就不光构成了对女性身体的摧残,而且是对他们天赋人权的最直接侵犯。

不光是人类,自然界的飞鸟走兽也都有行走权。但人和飞鸟不同的是,飞鸟行走靠的是空气的浮动,人则必须借助道路。道路是什么?道路是人在没有路的地方用脚踩出来的。这句话不仅强调了探索的重要性,而且还告诉人们,自然最初赐给人们的路,不是铁路、立交桥,更不是高架桥、磁浮列车,而是荆棘野地、荒榛密林,否则,就用不着踩了。

既然自然赐给人们的路是土路、石路、山路,甚至是悬崖峭壁、大海荒漠,那么,土地的所有者——国家、社会、团体或个人——在没有路的地方架了桥,在有路的地方铺了铁轨,在地上的路不够的情况下向下挖了隧道,通了地铁,然后向使用它的人收取适当的费用就是合理的。但条件是必须向行人开通可以免费行走的通道。如果不是这样,也就是所有者霸占了自然所赐的路面,又没有给行人留下可以通行的道路,而一旦上他的路又要收取高昂费用时,这时的国家、社会、团体或个人就等于公开承认自己不是合法的所有者，而是“此山是我开，此树是我栽，要想从此过，留下买路财”的强盗。

对付强盗当然不能克己复礼、温良恭俭让，否则就成了助纣为虐。因为这种狠暴行径等于剥夺了人的天赋行走权，将人们推到了自然法的境地里。而在自然法的境地里，人人都有权采取他自己认为合适的办法来惩罚不义的行为。也就是说，当所有者阻断了交通，又在没有征得附近居民同意的情况下收取超过他们支付能力的费用时，使用这路面的任何一个人都可以砸断栏杆，拆毁铁轨，并开着汽车强行闯关。

迁徙的权利是由行走的权利衍生出来的，它和居住自由是一个问题的正反两面。而居住自由最初是和土地的承继、使用有关，即人们继承了父辈或祖先的土地而自然就成了该国公民。因为不能想象要寻求政府对土地的赠与、出售、转让、租赁等经济行为的认可和保护，又不将土地置于该国政府的法律管辖之下。但这种由于使用一个国家的土地而不得不服从其法律管辖的义务是有限的，它随着土地使用的结束而结束。当地里的出产不能养活耕种者以及他的妻儿老小时，它随时可以选择别的国家或地区居住。因而有居住自由就有迁徙自由，迁徙自由就是不居住的自由。

在我们所亲历过的人类所有管理自身的办法中，限制或剥夺迁徙自由最严酷的莫过于户籍制度。户籍制度最早是为防止奴隶逃跑或奴隶主逃税而设的，后来被一些半军事化的国家用于人口管制。它的不合理之处在于，这个制度基本上不承认一个人的品德和能力，而是由出生地来决定一个人在社会中的身份和地位。它毁坏了人的尊严，伤害了人的心灵，拆散了无数美好的婚姻，使数不清的英雄俊才抑郁林下，抱困终生。

这是国家利用最落后的方式来对它的子民进行最野蛮地歧视，因而为今天的大多数国家所摈弃，只有在个别不开化国度里还像罂粟一样地绽放着。

实际上，户籍制度不用说在人类社会，即使在动物界也罕有所闻。一只北方的候鸟到南方过冬，不需要办暂住证；一群东部的蚂蚁到西部产卵，即使不带户口本和准生证，也不用担心被收容遣送，更不会被打死在中转站。

从这一意义上讲，2000 年 6 月，牺牲在英国多佛尔港口的五十八位中国农民就不是什么偷渡客，而是为捍卫自己天赋迁徙权的殉难者。他们的死构成了人类迁徙史上最为悲情的一页。尽管在看电视之前，我已经知道了故事的结局，但当看着他们一个一个从一辆满载西红柿的闷罐车厢上拉出时，仍然难以抑制自己的悲愤。不管是荷兰的“蛇头”，还是沿海的农民，本来他们已经得到了生存所需的基本资料，但一种恒久的人类追求幸福的梦想鼓舞着他们铤而走险，使他们一时忘了“国家”是当前世界上限制人口迁徙的最大罪魁。就这样，他们也把自己当成了西红柿装上了车厢，永不回来。由此也可以看出，根植在人性深处的追求幸福的权利是何等的坚固顽强，洪水不能淹没，大火也不能熄灭。

自 卫

每个人生来就是自己的业主。这句话的意思是说，每个人生下来尽管一无所有，但他至少拥有自己的身体。身体是上帝赐予每个生命的最初财产。由此衍生出来的一切权利最终都可以归结为对这最初财产的支配权。例如,吃饭和发表意见的权利可以理解为人对自己嘴巴的支配权,性爱可以理解为人对自己生殖器的支配权,迁徙的权利可以理解为人对自己脚和腿的支配权,信仰的权利则可以理解为人对自己良心的支配权。因而身体是一切权利的起点,保护身体以及生命所需的各种补给和手段不受侵犯就是保护自然赐予人们的最基本的财产;反之,人若失去了身体就失去了整个世界,其他一切权利对他都毫无意义。因为人不能创造自己的生命,所以自卫就是一项先于其他一切权利的权利。中国人说"身体发肤受之父母,不敢毁伤",意思是身体是父母给的,自己不敢毁伤,言外之意是父母可以毁伤,所以才有"父教子死,子不得不死"的昏话;而西方人认为人的生命是上帝给的,不仅自己不能毁伤,即使是父母以及父母以外的任何人都不能毁伤。这不需要法律来证明,因为即使在非法治的自然状态下,人们仍然拥有自然法赋予的捍卫自身以及财产安全的权利。

在自然状态下,人们执行的是永恒的意志——自然法。自然法虽然不像明文法那样有具体的条款,但它的准则却来自自然镂铭于人心中的基本理性。它包括,每个人享有的权利都不比他以外的任何一个人少,因为既然每个人的生命都来自自然,那么造物主便赋予我们相同的属性。我要别人怎样待我们,我们也得怎样待别人。我没有理由要求别人付出比我对别人更多的爱心;我也没有理由宽恕别人对我比我对别人更坏的恶德。如果我为害一方,那么我就只能等待惩罚;如果我被别人危害,我就有权施以报复。

与明文法不同的是,在自然状态下,人人具有惩罚罪犯的权利。因为既然每个人都是自然的创造物,那么造物主要我们怎样,我们就得怎样,就像一个牧人对他的羊群所做的那样，而作为创造物的我们则不能彼此相伤，就像羊只与羊只不能大顶其架一样。而现在罪犯既然已经违反了自然的意志，已经开始按照理性和公正之外的原则去生活，那么我就没有理由相信他伤害完别人不会伤害我。这时没有法庭，造物主把裁判的权利交给了每一个人，即每一个人就可以根据自己对自然法的理解对罪犯作出裁决。比如一个人杀了人，不光是受难者的家属，而且与受难者无关的任何人都可得而诛之。因为罪犯既然用杀人这桩事实表明他已背弃了理性，那么他的存在就是对全人类的威胁，全人类的任何一个成员就可以把他当作猛兽加以消灭。《圣经》记载了人类第一起谋杀案的经过：该隐因为和亚伯争宠，就杀死了其弟亚伯。当上帝亲临现场审问的时候，该隐起初以假装不知道来蒙混年轻的上帝，而上帝明察秋毫，就断然判处该隐"流离飘荡在地上"。该隐不服，认为"刑罚太重"。因为他知道，自己若流离飘荡在地上，"凡遇见我的必杀我"，这是人类历史上第一次对于"杀人偿命"这条自然法的明确昭示。因为即使是杀了人的该隐也知道，他若背弃了自然法，自然法便不再保障他的安全。

自然法也可以惩罚那些比杀人这类命案较轻的犯罪，比如偷窃、掳掠、奸淫人妻等。这时受害的一方，除了和其他人一样享有惩罚犯罪的权利外，还自然地拥有索取赔偿的权利。惩罚犯罪旨在惩一儆百，最终达到制止犯罪的目的，而索取赔偿只属于受害的一方，任何人无权褫夺。人们可以由于公共意识的淡薄，对烧杀抢掠置若罔闻，但任何人——即使是上帝——都无权要求受害者自认倒霉。二十世纪九十年代以来甚嚣中国的"宽容"和"告别革命"论正是在这个意义上显示出它的可笑来。"宽容"只是在暴力和不义施加于自己时，"我"本人信守的道德原则，也就是说它不能针对第三者，尤其是不能针对受害的第三者；同样，当杀人越货、背信弃义、公然的暴力和压迫施加于别人时，任何人都无权要求受害者“告别革命”——除了他自己。因为就本质而言，革命也是一种人权。尤其是当一些人以革命的名义将另一些人宰割完毕，而幸存者惊魂甫定，刚刚敢低声说“不”时，这种“告别革命”论就尤其值得警惕。

任何一种政治秩序都建立在一种超验的价值假设基础上，或曰天命，或曰神授，或曰某种无法实证的历史必然论，但任何国家的成文法都建立在自然法的基础上。这不是假说，而是事实。否则，我们就无法解释一个国家的法律机关竟可以惩罚一个外国人。按理说，一个国家的法律经本国公民同意而生效，但无论如何不能及于一个外国人。是什么赋予一个国家的法律以惩罚犯了罪的外国人的权利呢？这是自然法。也就是说，自然法不仅过去有，而且现在仍然每时每刻存在于我们任何一个国家和地区。

我们知道，这么说肯定会有许多人大摇其头。因为在自然状态下，任何人都可以根据自己的意愿惩罚罪犯，这对生来就处在国家形态中的人来说，的确不是一件容易的事。许多人会认为，人人可以惩罚罪犯，但如果犯了罪的恰好是自己的一个亲戚朋友，那么由于血缘和感情的亲近会使一个人在惩罚起来“手下留情”。比如偷了一只羊，而只罚他一张羊皮。这样不仅惩罚犯罪的目的没有达到，而且会使罪犯觉得有利可图，从今以后他就会把偷羊当成一个“经济增长点”来抓。而如果犯了罪的恰好是自己的一个宿敌或不喜欢的人，那么报复或厌恶的心理又会使他在惩罚时“加大力度”。比如他只是亲了邻家小女孩一嘴，就将他的舌头割掉。这样制止犯罪的目的仍然不会达到，因为耻辱和割掉舌头的痛苦会使他觉得还不如将惩罚他的人和邻家的老小一起干掉。

实际上,这些问题当然存在,否则就不用建立国家和社会了。但国家要看什么样的国家,社会要看什么样的社会。存在于人类历史几千年、今天依然存在的专制制度恰好就是以个人的意志支配一切的社会,它究竟比自然状态好多少？其实,自然状态反而要好些。因为在自然状态下,人人可以用自以为合适的方式捍卫自己的生命和财产，而在专制社会,当人们面对来自君王及其爪牙们的迫害时,发现不仅没有申诉机关,而且连自卫的资格和权利都一起交给君王和爪牙了;其次,在自然状态下,人们即使遭遇迫害,选择复仇,对手和自己的力量悬殊也不大,而一旦结成国家和社会,个人反抗的成本就大大增加了,因为国家随时可以调用财税、军备、舆论等机关的综合力量来反扑。也就是说,在自然状态下人们仍然是用投票来解决问题的,不过投票的工具是石头和刀剑,投票的结果也一般是 1:1;而在国家和社会的形态中,人家的一票可能顶你的一千票、一万票,不信,你扛一把锄头反抗一个扛核武器密码箱的人去试试。

从这一意义上讲,一切暴君和独裁者都是人类的天敌。因为暴君和独裁者都是将自己的权力凌驾于所有人生命之上的人。也就是说,当人们将裁判和司法的权力交给公共社会以后,发现只有一个人还留在自然状态里,那就是君王。对于他的恣意妄为,人们不仅没有办法申诉和约束,而且就连提出申诉和约束本身都是大逆不道的。不信,你可以让比干申诉殷纣王,司马迁申诉汉武帝,彼得堡的任何一个市民申诉斯大林去。

在这样的社会里,惟一具备政治社会一般特征的,是在臣民与臣民之间也象征性地设置了一些执法和裁判的机关,虽然在这样的制度中就根本不可能有什么公正的裁决,但君王——也可以叫沙皇、元首,甚至是

"公仆"什么的——为了统御的方便，一般也不希望臣民之间相互打杀(个别以斗争为乐的虐待狂例外)，就像一个养猪专业户不希望他的猪相互撕咬、一个奴隶主不希望他的奴隶打架以影响做工一样。

但毫无疑问，暴君也是人，他在尽情地奴役别人、享受自然状态给他带来的全部自由的同时，也不得不像该隐一样面对来自上帝方面的严厉审问。因为根据永恒的自然法则，人人享有保卫生命的自由。任何人，只要他发现另一个人对他的生命和财产有着明确而不可更改的企图，他就有权将他杀死。因为人不能创造自己的生命，所以人也不能把本来不属于自己的东西交给别人任意处置。因此，世界上任何一个国家的暴君只要他无端杀害过一个人，无论是本国还是其他国家的公民，只要有能力就可以将他杀死，像杀死一只危害人类的狮子和老虎——因为我们不能假设他这种不受节制的绝对权力在杀死一个同类后会自行中止。中国隋代大儒、进步思想家王通在他硕果仅存的著作《中说》里，与弟子房玄龄有过这样一段对话：房玄龄曰："书云，霍光废帝举帝，何谓？"子曰："何必霍光！古之大臣废昏举明，所以康天下也。"也就是说，即使在一千多年前的思想家看来，只要是昏君，任何一个有能力的大臣都可以将其废黜。对比一下今之学者，躲在书斋里挥拳揎袖，讨论萨达姆该不该由美国人赶下台，真有说不出的感慨。

既然专制制度有这么多的缺陷，那么究竟什么样的社会可以救治它的弊病？是公民社会或曰民主社会。如前所述，专制制度不但没有根治自然状态下人们感情用事、挟私报复的弊害，在某种程度上，由于君王权力的过度膨胀反而却加深了人们固有的灾难。而与专制社会相较，公民社会具备以下优点：第一，公民社会有一部明确的、并为大多数人所同意制定和乐意接受的法典，作为全社会成员行为处事的共同规范。当国王的意志和它发生矛盾时，不是要修改法律以适应国王，而是国王要修改意志以适应法律。第二，公民社会有一支独立的、权威的并为社会大多数成员所认可的司法机构，来仲裁全社会成员的利益纠葛。它不听命于国王以及官长的命令，相反倒是国王和官长要经常听命于它的允准。第三，公民社会有一支勤勉的、守法的并为社会大多数成员经过一定的程序选举产生的行政队伍，来为社会的安全和福利工作。尤其重要的是，公众用税金聘用的服务人员，上至国家元首，下至县级法院的一个书记员，只要他有过失，只要发现他利用职权在公众的福祉之外行事，人们就可以像当初拥立他一样废黜他。

这样的制度当然不是最完美的制度，但这样的制度却是迄今为止人类发现的最少犯错误的制度，最不坏的制度。

（狄　马　文，原载《书屋》2004 年第 6 期）

观念的进化：由人民到公民

如果说抗日战争和解放战争向我们展示了人民的伟大力量，而“文化大革命”让我们见识了人民的愚昧与狂热，那么孙志刚的死则让我们看到了人民主权下个人的虚弱无力——衡量一个社会的文明程度，最不可轻视小人物的命运。这就是我之所以把这个“小人物”与上述大事件相提并论的原因。现在也许是该要终结“人民的神话”的时候了。让我们做一个平凡但有尊严的公民吧！

在我国的法律文本、官方文件和政治理论课教材中，“人民”无疑是使用最为频繁的词汇之一。在许多人的心目中，“人民”或许不仅仅是一个字眼，而且还有着神圣的内涵，代表着正义与力量，至高无上，无私无畏，全知全能。然而，正因为其神圣，这一概念也就日益远离了寻常百姓的生活，毕竟普通人的日常生活是世俗的，与神圣不搭界。从现实的角度来看，“公民”也许是比“人民”更具意义和更为有效的概念。

首先，虽然二者都是抽象概念，但“人民”是一个集体名词，任何一个单独的个体都无法称为人民，而只是人民中（微不足道）的一分子，于是极有可能出现“人民缺位”的局面；相反，“公民”则可以具体化，其资格、权利和义务都是明确规定好的，有宪法和法律的切实保障——只要符合宪法的规定，每个人都可以理直气壮地说：“我是一个公民”简言之，“人民”对应的是一个整体，而“公民”可以具体落实到个体层面。进一步说，尽管两个概念都抽空了个人，但在“公民”的概念里，个人只是被转化为一种法权身份，这种身份尽管是单一的、千人一面的，但却有助于个性的保留和发展，因为个性受到来自法律的普遍化的保护——在清一色的“制服”里依然是鲜活的血肉之躯；而在“人民”这一概念中，个人被彻底地淹没在茫茫人海中，人与人的差别就像是两滴水之间的差别，而差异的消失也就使共性不再成为可能，人们在丧失“小我”的同时却又找不到“大我”，“我”与“人民”之间不是一种归属感而是深深的隔阂。

其次，人民的概念具有强烈的感情和道义色彩，而公民的概念则是道德中性的，更为客观。依笔者愚见，国家无权对其治下的任何人做出负面的道德判断，国家对道德的干涉充其量只能是对道德高尚者进行表彰，而不能对其所认定的道德低下者进行惩罚或者予以歧视，即便是对触犯法律的人，也要保障其依法享有的权利，在法定的惩处之外不得有任何歧视，否则就很可能导致国家及其工作人员以“人民”或其他堂而皇之的名义压制、剥夺一部分社会成员的合法权益。此外，在资格的确认上，二者也存在主客观性上的分野：是不是人民往往是由国家（政府）

根据其政治表现来认定,难免带有主观随意性,这样便极有可能把对政府或政策持有异议的人从人民的范畴中剔除出去;而公民的确认则非常简单,只要符合法律规定的要件就行,是自动认定的,因而具有客观性。显而易见,后者与前者相比具有程序上的正当性。前者由特殊性法则决定,后者由普遍性法则决定,更符合平等之精义。

最后,"人民"是革命逻辑的产物,"公民"是宪政逻辑的结果。因为要革命就要首先划分敌友,所以必须在人民与反动派、阶级敌人之间划出一条明确界限,你死我活、势不两立;革命要证明自身的正当性,就必须赋予人民以正义和至善的内涵。而在宪政国家,国家必须对一切社会成员一视同仁,只有当其违反法律时,才可以加以制裁。在革命时期,提出"人民"的口号是必要的,而"公民"恰恰是不合时宜的,因为"公民"是以承认现有政权合法性为前提的,此时"人民"是作为"公民"的替代品,以颠覆者的面目出现的。而在革命结束之后,"人民"概念就不再那么适用了,因为它潜在地蕴含了这样一个前提:有一部分社会成员是坏的,处于人民的对立面。借用一个法律术语,这是有罪推定。由此得出的合理推论就是:必须对这些人(敌人)实行专政。那么这项工作由谁来做呢?当然是国家,因为只有国家才有权力和能力这么做。因此只要国家认定某些人属于专政对象,国家就不仅有权力而且有义务对其采取"一切必要的手段"。这样一来,有谁能够保证国家不会凭借这种专横权力来侵害民众呢?又有谁能够阻止国家这么做呢?

可见,"人民"与"公民"两个概念之间不仅存在着差异,而且还暗含着紧张:人民很容易向公民的对立面——臣民——转化。人民与臣民看似天壤之别,其实仅有一步之遥,如果没有公民文化的支撑,人民在精神状态上也就与臣民无异；如果没有法律和公民社会自组织力量的保护，国家就可以轻易地将人民置于臣民的地位。造成这种紧张关系的根源在于:“人民”与“公民”虽只一字之别,但各自所体现的观念却截然相反。一个是集体至上论,一个是个人权利观。当个体走向虚无,集体也就成为再空洞不过的话语,甚至可能沦为少数人用以宰控他人命运和实现个人私利的尚方宝剑——毕竟不是任何人都有权运用集体(人民)的名义。只要我们的“人民”依然习惯于把自己看成一个自然人,而不是从公民的角度来考量自己的社会角色，只要我们的法律依然只是在捍卫抽象的“人民”,而不把公民的权利精确化并提供有效的保护,那么“人民”就无法完全成为这个国家的主人。

补充一句:公民、公民文化和公民社会这三者是共生的,公民文化是公民社会的内在精神,公民社会是公民文化的外在形态,而只有在公民社会和公民文化中才存在真正意义上的公民。遗憾的是,在我国还没有形成这种理想的社会生态,而要实现这种生态,我们首先要做的就是把自己当成一个公民,要有勇气把法律赋予我们的权利变成现实,同时恪守相应的义务,也就是说,在成为真正的公民之前,我们先要有成为公民的欲望和意志。你只有自己把自己当作公民,别人(包括国家)才会把你当作公民！不能想象一个国家会把具有臣民心态的民众视为公民!

当前我国正大力提倡“依法治国”、“依宪治国”,如何从深具臣民文化和革命文化传统的土壤中培育出符合宪政和法治要求的公民文化,这是一个亟待解决的问题。虽然,公民文化的确立绝不只是换个说法这么简单,但我们不妨先从“人民”这个称谓上入手,强化人们的公民角色认同,同时也强化政府对公民负责、为公民服务的理念,这样也就为公民文化提供了生长的空间。当“公民”从日常用语转变为人们的一种思维方式，当公民的权利与义务成为大众常识的时候，我们的公民文化也就水到渠成了。由“人民”到“公民”的观念进化，或许就是中国推进政治文明的一个先声吧！

（**熊易寒** 文，原功《书屋》2004年第5期）

再论人民与公民

拙文《观念的进化：从人民到公民》（载《书屋》2004 年第 5 期）完稿迄今已有将近四个月了，当时一气呵成，自以为有理有据，无懈可击，欣欣然投了稿，对这个问题的思考也就告一段落了。直到文章侥幸发表，这才逼得我不得不重新审视这个问题——作品一旦公开，就不能当成泼出去的水，须有对读者负责的态度。经过半个多月的思索，我发现自己在对基本概念的理解上存在偏差：低估了“人民”这一概念的价值。这个概念尽管有其局限性，但不可能被完全替代，至少在主权归属上，公民无法取代人民。故此，笔者才不揣冒昧自说自话，对旧作进行一番检讨与修正。

“解铃还需系铃人”，要纠正概念认识上的偏颇，有必要对“人民”与“公民”进行再定位：

第一，人民对应主权，公民对应权利，二者是互补的关系,而不是可以相互替代的。当“人民”成为压倒性的话语霸权时,公民权利就岌岌可危了。毕竟人民主权在现实中更多地表现为国家主权,而作为人民代理人的国家跟人民并不是同一的,它有自身的特殊利益和偏好,这就为国家的自利与专断埋下了伏笔。但是,如果只讲公民,不提人民,那么主权将栖身何处?不仅单个的公民无力担当这一“生命中不能承受之重”,就连声势浩大的公民社会似乎也难以担此重任,因为主权的纯粹性(对内最高,对外独立,不可分割,不可转让)要求其承载者是一个匀质的整体,而公民社会是由形形色色的利益团体、民间组织组成的,这些组织和团体往往是彼此冲突的。倘若以公民社会为主权者,那么国家非四分五裂不可。“人民”的抽象性、匀质性和整体性决定了它是主权的最佳载体。但是这样一来,人民主权岂不成了一个虚幻镜像了吗?不错,人民很大程度上只是一个“想像的共同性”,在一般情况下,人民很难成为一个政治实体。根据奥尔森的理论,集体行动的产生需要满足两个先决条件:其一,集体成员的人数足够少;其二,存在某种迫使或诱使个人努力谋取集体利益的激励机制。然而,人民恐怕是一国范围内最大的群体了,在人民内部也显然缺少有效遏制“搭便车”现象的激励机制,如此一来,人民的集体行动何以可能?那么何不干脆只讲国家主权,将主权的“终身”彻底托付给国家?此事万万不可,因为主权在民的原则为人民反抗暴政预留了合法性空间。

第二,人民主权必须以公民权利为前提和基础。首先,以社会契约论为基石的现代主权学说认为,主权乃是由一国之民众让渡部分权利而形成的,权利是先天的或自然的,主权由权利派生而来,后者是前者的质料。虽然这里所规范的是国家与人民的关系,但对于我们思考人民与公民的关系不无启发意义。因为作为主权者的人民跟国家具有相似的性质，二者都是集体，相对于公民而言都是“他者”，是外在于自我的力量，因此即便是人民也不可囊括公民的一切权利，否则便可能出现“多数人的暴政”。只有充分保障了公民的基本权利，人民主权才不至于成为一个祸害。其次，人民主权类似季卫东先生所说的“法律上的假想现实”，而欲使现实世界尽可能接近这一假想，惟一的办法就是彰显公民权利。公民权利说到底是以法律形式确认和保护的人权，不能想像连基本人权都缺乏保障的人居然可以称为国家的主人！有理由相信，能够掌握主权的人民必然是一个公民的共同体。

充分肯定“人民”这一概念的必要性与合理性，并不意味着可以抹杀它的内在缺陷。在这个问题上，我依然坚持《观念》一文中的基本观点。

最后，如果要用一句话来概括我现在的观点与过去有何不同的话，那么我要说：观念的进化不是以公民取代人民，而是让人民成为公民的共同体。

（**熊易寒**　文，原载《书屋》2004 年第 7 期）

我的「公民」观

中国，正在从传统走向现代。现代是一个公民时代而非臣民时代，现代社会是一个公民社会而非臣民社会，现代人格是一种公民人格而非臣民人格。在现代社会，一个人，无论他是男性还是女性，是穷人还是富人，是市民还是农民，是老年人还是青年人，是南方人还是北方人，是残疾人还是健全人，是性格正常的人还是性格异常的人，是社会的平均数还是社会的异端，是有神论者还是无神论者，是人民公仆还是普通群众，是既得利益者还是既得损失者，是偏好平等者还是偏好自由者，是保守主义者还是激进主义者，是爱好思想者还是爱好行动者……他都是一个公民，一个既有其不可任意剥夺的权利又有其不可随意逃避的义务的公民。使人成为公民的，不仅仅是这个人的国籍，更是这个人所享有的权利尤其是政治权利。在现代社会,公民是人的各种身份的最大公约数,是各种政治主体的最大公约数,是各种社会人格的最大公约数。

公民,真正的公民,正在和已经成为现代中国人的基本身份,成为中国现代性的主体维度,成为中国人的现代形态。公民人格既是中国培育现代性的基本目标,又是中国培育现代性的基本手段。没有公民人格的发育和发展,中国的现代性事业既是不可能的,也是不必要的。现代性不仅有技术的层面、制度的层面、文化的层面,现代性更要有人格的层面。正如美国著名社会学家英格尔斯所说:“那些完善的现代制度以及伴随而来的指导大纲、管理守则,本身是一些空的躯壳。如果一个国家的人民缺乏一种能赋予这些制度以真实生命力的广泛的现代心理基础,如果执行和运用着这些现代制度的人,自身还没有从心理、思想、态度和行为方式上都经历一个向现代化的转变,失败和畸形发展的悲剧结局是不可避免的。再完美的现代制度和管理方式,再先进的技术工艺,也会在一群传统人的手中变成废纸一堆。”现在的问题就是,什么是真正的公民呢?

一个真正的公民,应该自觉地处理好自己与环境的关系。公民环境中的要素,包括宇宙、世界、国家、社会、他人和自我。

公民对于宇宙有一种崇敬之情。公民不会整天想着与天地做徒劳无益的斗争,而是想着与天地达成默契的和谐,因为他知道宇宙是万物共同的家园,人只是宇宙共同体中的普通一员。

公民对于世界有一种尊敬之情。公民不把别的国家和别的民族看成是潜在的威胁而看成是人类共同体的成员;公民不把别的国家和民族的优秀成果看成是一种地方性知识,而看成是人类共同的财富,因为他知道人类在本质上都是相通的。

公民对于国家有一种亲切之情。公民不会认为国家是自己的主人，而是认为自己是国家的主人；公民认为国家及其公务员都是为自己服务的而不是相反，因为他知道国家如果不为公民服务那么它就没有任何存在的合法性。

公民对于社会有一种归属之情。公民不把社会看成是制约自己自由的束缚物，而是看成自己自由活动的场域；自己与社会的联系不是一种机械的联系而是一种有机的联系，因为他知道社会并不是一种外在于人的神秘存在物而是一种属人存在物。

公民对于他人有一种同胞之情。公民不把别人看成是毫无瑕疵的天使，但是也不把别人看成是万劫不复的魔鬼；公民不会把自己不愿意的事情强加于人，也不允许别人将其不愿意的事情强加于己。因为他知道“东海西海、心理攸同；人同此心、心同此理；己所不欲、勿施于人”等伦理的黄金法则。

公民对于自我有一种认同之情，公民不会贸然地代表他人的权利和利益，也不会贸然地将自己的权利和利益交由他人去代表。

一个真正的公民，他的精神世界是公与私的统一，是人与我的统一，是义与利的统一，是追求自由与追求平等的统一，是大写的人与小写的人的统一。他能够把利己与利他很好地统一起来，能够把“公”与“私”很好地统一起来；他时时处处知道自己的权利是什么，也时时处处知道自己的责任是什么；他知道什么是自己不容他者侵犯的正当利益，也知道如何以理智正当的方式去维护自己的利益和权利；他既有坚持真理的原则性，又有解决问题的灵活性；既有发自良心的社会感和正义感，又有来自头脑的妥协意识和让步理性；他既有娴熟的公民技能如排队、开会、纳税等，又有良好的公民意识如权利意识、自由意识、法治意识等。

一个真正的公民，他既不是惟命是从、逆来顺受的草民，也不是明火执仗、以暴易暴的暴民；既不是将自己的意志强加于人、以大众的名义欺压大众的大盗，也不是事不关己、高高挂起、泯灭是非、得过且过的犬儒；既不是不食人间烟火的仙人，也不是只食人间烟火的俗人；既不是只给人带来美好的天使，也不是只给人带来厄运的魔鬼；既不是舍生取义、以义为利的君子，也不是见利忘义、因私废公的小人；既不是清高绝世的逸民，也不是蝇营狗苟的政客；既不是无限高尚的圣人，也不是毫无人伦的禽兽。

一个真正的公民，他必须具有公德，即使其私德方面并不高尚；必须具有公心，即使其私心并不因此而少；必须具有自己的私利，同时这种私利不是损害公利的理由；必须享有自己的权利，同时这种权利不是放弃义务的借口；必须拥有自己的自由，同时这种自由不是妨害他人自由的依据；他可以拥有自己的秘密，但这种秘密不是陷害他人的阴谋；他可以发表自己的言论，但这种言论不是伤害他人的流言；他不是不犯错误，但是他能够为自己的错误负责；他不是不谋求自己的私利，但是他按照正当的方式谋利；他不是没有自己的怨气和怒气，但是他知道不能迁怒于人；他认为人不能没有道德，但是他决不会以强制的方法要求他人无限崇高；他认为不是不存在集体利益，但是他不会为了抽象的集体利益而不惜一切代价。公民并不一定是无私奉献的人，而是要在奉献和应得之间取得平衡；公民并不一定是大公无私的人，而是要在公利与私利之间取得平衡；公民并不一定是不计得失的人，而是要在成本和受益之间取得平衡；公民并不一定是舍己为公的人，而是要在权利与义务之间取得平衡。

一个真正的公民，他之所以遵守法度，只是因为法度是对于他们正当利益的保障；他之所以对于政府实施“公民不服从”，只是因为政府对于他们的权利和利益进行了不正当的侵犯；他时时刻刻关心自己的利益，同时对于别人的利益并非漠不关心；他关心自己的私人事物，同时也将关心公共事物作为自己应有的权利和应尽的义务；他不会放弃自己应尽的义务，同时也不会放弃自己应有的权利；他能够自觉意识到什么时间是私人时间，什么时间是公共时间；他能够意识到哪些空间是自己的私人空间，哪些空间是公共空间；他知道什么是自己的权利，也知道自己这种权利的界线何在；他知道什么是自己的义务，也知道自己的这种义务的终点何在；他珍惜自己的自由，但不滥用自己的自由；他追求自己的平等，但是也使自己更为上进而不去嫉妒别人的先进；他对于世界和他人具有博爱的胸怀，但是他并不把这种博爱当作是一个施舍；他要求别人容忍自己的偏好，也要求自己容忍别人的偏好；他要求社会对于自己必须公正，同时他也时时刻刻想着去公正地对待别人；他愿意生活在自由民主的社会中，同时他也要为自由民主的实现和发展贡献自己的力量而不是总想着坐享其成；他既不允许别人干涉自己的自由，也不允许自己干涉别人的自由；他既不允许以虚假共同体的名义剥夺个人的利益，也不允许以个人的名义侵害真实共同体的利益；他既不允许别人包办自己的事情，也不允许自己包办别人的事情。公民认为人是以复数的方式存在的，而不是以单数的方式存在的；公民认为自己与他人之间是具有感情的“我和你”的关系，而不是毫无感情的“我与他”或“我与它”的关系；公民认为公民之间的联合是一种有机的联系，而不是一种机械的组合；公民认为这种联合是建立在自由自愿的基础上的，而不是建立在暴力强制的基础上的。

一个真正的公民，他懂得自己不仅是争利于市的“经济人”，同时也是争权于朝的“政治人”；他懂得自己不仅是国家这个政治共同体中的国民，同时也是人类这个命运共同体中的不可缺少的成员；公民对于自己的权利和义务，不仅仅具有认同意识，而且也有自觉意识；公民不仅在工具理性的意义上审视自己和反思自己的存在，也在价值理性的意义上审视自己和反思自己的存在；公民知道自己不仅仅是一个人，而且是一个有权利、有尊严、有理性的人；公民既把自己的国家看成是为自己的生存和生活提供安全和保证的父母，也把国家看成是需要自己的税金、责任和忠诚才能继续存在的子女；公民既不想着去做奴隶，也不想着去做奴隶主；公民既不愿意做被压迫者，也不愿意做压迫者；公民既反对别人的暴君和暴政，也不会想着自己去做暴君和实施暴政。公民不会为了未来的乌托邦而将自己的权利全部转让给“利维坦”，也不会为了自己当下的利益而去“吃子孙饭，断子孙路”。公民不会因为怕麻烦而不去行使自己的权利，也不会因为图方便而不去履行自己的义务。公民既反对对于自己国家的恐怖主义，也反对对于别的国家的恐怖主义；公民既抵制来自体制外的各种邪恶，也抵制来自体制内的各种邪恶。公民必须想方设法使自己成为有产者而不是无产者，因为他知道“无财产即无人格”和“有恒产者有恒心”；公民不会去乞求别人给自己施舍一些权利，因为他知道自己的权利只能靠自己去争取，别人施舍的权利其实不是自己的权利而是别人的权力；公民不会绞尽脑汁地想着逃避自己的责任，因为他知道逃避自己的责任其实就是逃避自己作为公民进而作为人的资格。公民没有自己特定的节日，但是他把每一天都当作“公民节”来看待。

一个真正的公民，应该将自由、平等、博爱、和谐、幸福、人权、民主、宪政、法治、和平这些人类共同创造的普世性价值看作是自己的个人目标并正确理解之。

公民向往自由，但是不将自由理解为为所欲为，而是理解为群已权界。

公民向往平等，但是不将平等理解为人人相等，而是理解为机会均等。

公民向往公平，但是不将公平理解为以牙还牙，而是理解为以直报怨。

公民向往正义，但是不将正义理解为善恶有报，而是理解为人我双赢。

公民向往博爱，但是不将博爱理解为市惠于人，而是理解为自愿奉献。

公民向往和谐，但是不将和谐理解为一团和气，而是理解为各得其所。

公民向往幸福，但是不将幸福理解为衣食无忧，而是理解为自得其乐。

公民向往人权，但是不将人权理解为自我之权，而是理解为人人之权。

公民向往民主，但是不将民主理解为为民做主，而是理解为由民做主。

公民向往宪政，但是不将宪政理解为宪法之政，而是理解为限权之政。

公民向往法治，但是不将法治理解为依法治国，而是理解为法度之治。

公民向往和平，但是不将和平理解为没有敌人，而是理解为没有敌意……

古希腊智者学派的大哲普罗泰哥拉有一句名言："人是万物的尺度，是存在物存在的尺度，也是非存在物不存在的尺度。"在存在论的意义上，这句话是大有问题的；但是在价值论的意义上，这句话有其合理性。同时我们要问，什么是社会的尺度？关于这个问题的回答可以很多，但在当代中国政治哲学的角度上回答这个问题，我们可以说：公民是社会的尺度，是一切合理的社会现象之所以合理的尺度，也是一切不合理的社会现象之所以不合理的尺度。换言之，凡是那些使人成为真正公民的现象都是合理的现象，凡是那些使人背离真正公民的现象都是不合理的现象。

一个人要成为雅典城邦的公民就必须做如下的宣誓："我们将永远为这个城市神圣的理想而奋斗，无论个人还是集体；我们将不断地增强公共责任感，尊敬并遵守该城市的法律；我们将把祖上留给我们的城市更多、更好、更美丽地传给我们的后代。"如果我们将其中的"城市"改为"国家"，这段话亦可以作为我们今天的公民仪式的宣誓，尽管这段宣誓并不全面。

英国社会学家斯宾塞说："在所有人实现自由之前，没有人能够真正地获得自由;在所有人实现安全之前,没有人能够真正地获得安全;在所有人实现幸福之前,没有人能够真正地获得幸福。"对于一个真正的公民来说,为别人的自由和权利而奋斗,其实也就是为自己的自由和权利而奋斗。

在马丁·尼莫拉牧师的墓碑上写着这样的碑文:"当初他们(指的是德国纳粹法西斯)屠杀共产党,我没有作声,因为我不是共产党。后来他们杀犹太人,我没有作声,因为我不是犹太人。再接下来,他们杀天主教徒,我仍然保持沉默,因为我也不是天主教徒。最后他们开始对付我的时候,已经没有人为我说话了。"对于一个真正的公民来说,不能漠视暴政对于他人的侵害,因为在暴政之下,包括自己在内的每一个人都有可能成为无辜的罪人。

海明威在他那部著名的长篇小说《丧钟为谁而鸣》的扉页上,引用英国十七世纪玄学派诗人约翰·堂恩的诗歌:"谁都不是一座岛屿,自成一体;每个人都是广袤大陆的一部分。如果海浪冲刷掉一个土块,欧洲就少了一点;如果一个海角,如果你朋友或你自己的庄园被冲掉,也是如此。任何人的死亡都使我受到损失,因为我包孕在人类之中。所以不要问丧钟为谁而鸣,它为你而敲响。"对于一个真正的公民来说,他会把他人和社会看作是自己的同胞,把他人和社会的命运看成是和自己命运密切相关的整体。

伟大的法国历史学家托克维尔在其伟大的著作《旧制度与大革命》中说:"只有自由才能在这类社会中与社会固有的种种弊病进行斗争,使社会不至于沿着斜坡滑下去。事实上,唯有自由才能使公民摆脱孤立,促使他们彼此接近,因为公民地位的独立性使他们生活在孤立状态中。只有自由才能使他们感到温暖,并一天天联合起来,因为在公共事务中,必须相互理解,说服对方,与人为善。只有自由才能使他们摆脱金钱崇拜,摆脱日常私人琐事的烦恼,使他们每时每刻都意识到、感觉到祖国高于一切,祖国近在咫尺;只有自由能够随时以更强烈、更高尚的激情取代对幸福的沉溺,使人们具有比发财致富更伟大的事业心,并且创造知识,使人们能够识别和判断人类的善恶。"诚哉斯言,自由是公民的生命,追求自由是公民生命的意义所在。

可爱的哈姆雷特有一个疑惑:活着还是死去?在当代政治哲学的语境中,这个问题可以置换为公民还是臣民?政治的主体还是政治的客体?政治的参与者还是政治的旁观者?我们对于这个问题的回答是:前者而非后者。

古老的希腊德尔菲神庙上有一句名言:认识你自己。在现代性的语境之中,所谓"认识你自己"最主要的就是要认识到你自己是一个公民。即使你现在并不是一个真正的公民,但是你要有成为一个真正公民的勇气和意识。

永远的苏格拉底有一个永远的"苏格拉底问题":一个人应该怎么活着?而现在我们可以肯定地回答道:一个人应该作为公民而活着——作为一个真正的公民而活着。

（**冯务中** 文,原载《书屋》2005年第10期）

第三章

人文精神　魂兮归来

人文知识和文学的意义

王： 不久之前曾经出现了一场关于“人文精神”的争论，其中广泛地涉及到现今人文知识分子的意义、位置、作用、立场等等。作为一个人文知识分子，你对这些问题有什么看法？

南： 我首先想提到的是一个社会的文化动力问题。在现代社会，历史的发展不仅仅依赖于经济的杠杆，同时，种种文化思想也将参与推动历史。文化思想并不是直接生产出航天飞机或者远洋轮船，它更多在于提供特定的价值体系，社会发展模式，历史经验，个体的感情皈依，如此等等。这一切将和人们对于经济利益的追求复杂地相互交织，形成当下的历史合力。在我看来，这就是人文知识的基本意义，当然也是人文知识分子的现实作用。表面看来，人文知识分子不过是从事社会思想库的建设，保存种种文化基因，但是，在某些关键时刻，人文知识可能产生巨大的能量，甚至决定一个社会的命运。其实我们已经在中国历史上看到了正反两方面的例子。

在这个意义上，人文知识的贫乏可能导致历史的贫乏。人们仅仅将眼前所有的选择当作惟一的选择，他们不知道还存在着其他的可能性。思想僵化常以这种贫乏为基础。这是排斥人文知识分子所造成的恶果。事实上，人文知识分子的职责即是将种种价值体系提交给社会，揭开那些人为的遮蔽，让公众的选择拥有足够的参考材料。当然，知识分子本身同样可以拥有自己的倾向和尺度，但是，他们首先必须描述种种生存的可能维度。

在我看来，这一切是人文知识分子所得到的基本分工，而不是他们居高临下、故作姿态的训话。一些人认为，启蒙的年代已经结束，人文知识分子没有必要也没有资格再向公众扮演导师了。我很难肯定，这种观点是否可靠。五四以来，科学和民主成为启蒙的重要口号。可是，直到今天，这两个口号的实践依然阻力重重。我们凭借什么如此乐观地判断，启蒙的任务已经完成——完成的标志是什么？古老的蒙昧甚至还刚刚导致了“文化大革命”这样的灾难，突然启蒙就在一夜之间大功告成了？当然，许多人现在有了自己的明确目标：小康之家，丰衣足食，冗长的电视连续剧和四年一度的世界杯足球赛，偶尔卡拉OK一下，如此等等。这当然比当年虎视眈眈地互相揪斗好多了。可是，这就是生活的全部吗？这一切是公众深思熟虑之后的自觉选择，还是一种时尚之下的盲从？当然，人文知识分子没有理由强迫公众这样或者那样，但是，他们必须将种种重要的价值体系展现在公众的视域之中，让公众能够在充分的比较之中作出自己的判断。如果他们借口启蒙的结束而放弃这样的工作，甚至在物欲的诱惑下将市民的理想判定为惟一的价值,那就更像是一种失职了。

王:从“人文精神”的争论之中可以察觉,一些人文知识分子对于商品经济并不如想象的那样欣喜,我们不时可以从他们之中听到批评之声。这是他们缺乏历史意识,还是别有情由?

南:我想首先应该承认,多数人文知识分子在商品经济之中的受益不像预料的那么多。因此,他们不像另一些获益阶层那么踊跃,这是十分正常的。他们同样没有必要虚伪地故作兴高采烈。造成这种状态的原因是多方面的。许多时候,人文知识无法在短期的市场上获得利润。这些知识的意义与其说是向公众普及,毋宁说是记录一个民族的文明水平。某一类型的学术著作无法在市场的销售量上面有重大的作为。另一方面,目前的文化市场尚未成熟。从稿酬、出版机构到人文知识分子的人数,这一切更多是来自某一方面的规定,而不是市场的调节。我想指出,他们的反应就是人文知识分子对于目前商品和市场身体力行的参与方式。他们受益的程度同样是他们选择何种参与方式的一个重要依据。事实上,他们并没有一个超然的高高在上的经济地位。他们同样有权利和其他阶层一样,按照自己所获取的利益扮演相应的历史角色。人们没有必要继续用昔日那种大一统的想象要求所有的人都同样热烈地呼喊同一种口号。

但是,我还想特地指出的是,人文知识分子对于商品和市场的某些批评并不意味着他们反对商品和市场的来临。这种批评可以在另一种语境里产生作用。这种语境首先将市场经济的必然存在作为发言前提;批评在于使市场经济的运作更为合理。可以说,这是一种前瞻性的批评。市场经济并不是一个单纯的经济事件孤立地崛起。它同时包含着一整套相应观念的重新建设。市场经济所提供的交往模式——例如等价交换或利益均沾——并不能概括一切社会关系。市场经济的运作必须与市场之外的种种尺度相互制约和保持平衡，人文知识分子至少要让人们意识到这些尺度的存在和这些尺度的基本内容。上述的制约和平衡将有效地遏止商品成为奴役人类的枷锁，阻挡拜金主义——商品和市场所难以避免的副产品——的无限扩张，从而使市场经济在一个更大范围内获得恰当的历史位置。时至如今，人们应当习惯于批评的存在，理解批评的积极意义，懂得从批评之中汲取动力。没有必要一听到不同的声音就如临大敌，惴惴不安。

王：从各种的讨论中，人们不时可以听到知识分子的“危机”和“失语”。人文知识分子目前的最大困难在哪里？为什么他们会出现软弱无力之感？

南：当然，知识背景的转换、知识体系的重建是一项艰巨的任务。长期的空白之后，补课的工作十分繁重。而且，人文知识分子目前的另一个困难在于，他们缺乏介入社会的信心。经过当年政治风暴的强袭，许多知识分子已经不习惯在专业范围之外坚持专业的立场。市场经济带来了新的环境之后，人文知识分子必须根据什么发出新的声音呢？前面已经说过，知识分子有责任证明商品和市场之外的另一些意义和尺度。他们有义务说明，商品不是社会文明的唯一标志，社会文化必须体现出弹性和丰富。然而奇怪的是，不少人文知识分子恰是在这时感到了贫乏无力。他们觉得缺少应对这个环境的充分知识，另一方面，人文知识分子所得到的待遇又使他们自卑，他们觉得自己没有指点江山的资格。在一片纷纷扬扬的嘲笑和自嘲之中，他们深深为那些无法产生利润的知识感到理亏和内疚，从而丧失了向社会发言的信心。这样，他们所拥有的人文知识无法作为一种介入社会的力量超出专业范围，有力地延伸到社会事务的判断之中。换一句话说，这时人文知识分子的专业知识仅仅为职业而存在，这种专业知识不再具有强大的社会意义。对于社会而言，这些知识分子的声音消失了；对于这些知识分子而言，承担社会责任的维度中止了。我想，这就是“危机”或者“失语”的主要症结所在。

这样的“危机”和“失语”产生于新的环境之中，但是，它的原因却应当追溯到极左的年代。可以说，市场经济的供求关系取代了强制性的计划指令，人文知识分子的自由空间相对增加了。然而，这种活跃的环境却使潜伏的危机浮向了表面。当时，极左造成人文环境的极度贫困，人们的精神只能维持在极左的层面上。如今进入了商品经济和市场的时代，相似的情况依然可见：人文环境的贫困仍将使经济和商业缺乏必要的文化合作。许多人依然以崇拜政治的方式崇拜商品。除此之外，人们不知道还可以有其他尺度。于是，一旦政治为经济腾出主位，人们的内心又有什么可以对抗强烈的物欲？在这样的意义上可以说，人文知识分子目前所遇到的危机恰恰是历史的报复。

王：你主要的工作是从事文学研究。在你看来，人文知识之中的文学具有什么特殊的意义？

南：在现代社会，科技正在和政治、经济一样成为主宰这个世界的三驾马车。科技所崇尚的理性精神正在得到愈来愈广泛的认可。尽管仍然存在着种种蒙昧，但是，这是一个不可逆转的趋势。在这样的时候，作为人文知识分子，他们同样有义务回答这个问题：理性原则是完美无瑕的吗？在我看来，人是社会的一分子，同时又是自然的一个类别；仅仅依赖理性，人类将无法承担生命的全部意义。理性原则在很大程度上压抑冲动，摒弃激情，轻视感觉，放逐个性。在个体与集体、个体与类别之间，理性判断天然倾向于后者。这是理性的概括、共识、公理、普遍这些特征所决定的。虽然这并不是说个别、独异、私人、特殊都是贬义词，但是，理性的基本涵义就是超越个体。理性考察的计量单位通常不是个人，而是类。在理性的视域之中，诸多不可重复的个性特征遭到了漠视，这些特征的意义是忽略不计的。理性将类的和谐、合理作为最终目标，并且不惜为此抑制乃至牺牲个体的自由、利益乃至生命。另一方面，理性投入现实的成就之一就是技术的运用。技术对于人类的意义无庸置疑，人类许多局部的理性正逐一由技术实现。从交通工具、电脑、机器人到医疗设备、家用电器、通讯卫星，人类日益舒适、安逸，并且有了更高的效率。人类自茹毛饮血、刀耕火种到现代化的今天，科技的功绩是无可比拟的。然而，人文知识分子是否还要同时觉察到，技术也可能最大限度地阉割人们内心的激情和冲动，让人类在舒适之中安于现状，日益平庸，甚至陷入富足的无所作为之中。技术以舒适为诱饵，逐渐麻醉了人们的批判精神，这是不是一个意外的副产品？

在众多的人文知识体系当中，文学强烈地包含着抵制理性统治的倾向。文学时常承认与美学的亲缘关系。从词根上可以知道，“美学”包含了感性的意思。许多时候，文学的意义在于将个体从强大的理性原则下面解放出来。这种解放体现为一种自由，一种欢乐，甚至一种放纵。文学将人的尺度调整到某一个体的存在处境之内，考虑个体的感官快乐、私欲、隐秘的激情、瞬间直觉、本能、潜意识、内心之流，如此等等，这时，理性所给出的许多结论似乎都对不准焦点，比例失调。这就是文学所揭示的另一种生存处境的存在。人们可以说，文学对于公众社会的责任承担似乎比科技逊色。文学更多地作用于分散的个体,并且在心理学的范畴之内起作用。然而,这应当说是从另一种意义上承担社会责任。在这里,感性的解放同样是通向人的解放。当理性、技术在合理的名义下形成桎梏的时候,感性的解放尤为重要。这是破除理性专制的最后一次冲击。举个例子说,理性的分析可以让人们看到,货币和金融行业对于近代社会产生了巨大的影响,没有货币和金融行业所造成的经济奇迹也就没有今天的繁荣。然而,人们可以从文学史上发现,无论是莎士比亚、莫里哀、巴尔扎克、托尔斯泰还是卡夫卡、艾略特、福克纳,他们都没有对货币产生应有的崇拜。这似乎不太公平。这些大师必定察觉到了货币和金融行业的意义,可是,他们的艺术本能却阻止了他们的赞美之声——可以为少女失去的爱情而歌唱,不能为守财奴失去的金钱而歌唱。没有人天真地认为,作家的批判乃至诅咒可以阻遏商业社会的来临,但人们不得不承认,作家为社会保存了另一种声音,另一种精神向度,另一种衡量问题的尺码。这时可以说,作家所强调的感性甚至比理性更坚决地指向了自由。我觉得,这就是文学在众多人文知识体系之中所不可替代的作用。

(**南　帆、王　平**　文,原载《书屋》1996年第6期)

中国作家为何缺乏思想？

有人批评中国作家没有思想，这本是千古善事，成为文坛一景，也是势在必然。只可惜批评者本人亦无思想，以无思想而批评无思想，极类夏虫语冰，太监说性，无怪乎引得嘘声一片，风景是有了，只落得个一景不如一景。其大标题下是“中国作家为什么没有思想”，然而自己在文中却扛不动思想来论理，只谈些学历和经历，或者是抄一些“价值观”、“反生命”一类的术语，已是贻笑大方。

批评则批评矣，但请莫道学历，莫论经历，扛不动思想无妨，因为中国的学府和学界沾染了太多的官气、匪气和酸气，无论博士与否，谁也无奈。没想到，中国文学界在“下体秀”、“少年秀”之后，又被操弄出“博士秀”。在文化的盲区，盲人习惯了黑暗，那就不必摸象，继续修炼则已，可有人偏偏要出来献丑。

如果以作家的学历作为批评的论据，那不仅仅是现代人要发笑，世界上好多已经去世的文学巨匠也要被气活的。莫泊桑二十岁时应征入伍，退伍后一直做着小职员；马克·吐温十二岁时就被迫自谋生路，当过学徒、报纸投递员、排字工、矿工等；欧·亨利十五岁时就开始当学徒、牧羊人、会计员等；卡夫卡的专业是法学；契诃夫和鲁迅的专业是医学……因为作家所不同于学究的区别在于，他们靠的是灵性和颖悟，他们的许多拥有是独享的，而不像学术研究是资源共享，更不能依靠时间和钻研，远非拆散几本线装书，或者翻腾几下西洋果所能比的。有此同感者不乏其人。小说家塞万提斯在谈到掌握语言时说："一句蠢话可以用拉丁语说，也可以用西班牙语说。"思想家蒙田则说："存在着两种不同类型的无知，粗浅的无知存在于知识之前，博学的无知存在于知识之后。"他还说："我们应该考查谁学得更好，而不是考查谁学得更多。"教育家爱默生就大学教育说："学院憎恨天才，正像修道院憎恨圣徒。"

不过回过头来，中国作家的好作品也确实少得可怜，小东西有时还能残喘几年，大部头极少有五年以后读起来还津津有味的。那么，每年的那么多获奖作品又作何解释呢？那么多美妙绝伦的评论又作何解释呢？每年的《小说月报》、《小说选刊》等选了多少好小说呢，还给栏目起了那么好听的名字，什么"精彩阅读"啊，"第一阅读"啊，往往还附有高妙的评语。可一年以后呢，三年五年以后呢？搁书店里三折还没人买！曾经受到那般漂亮而绝世超尘评价的作品，为什么眨眼就变成一堆垃圾了呢？

掌握纸质文学媒体的既有资深编辑，又有领国家工资、有国家给予的职称的文化官员，也可能是知名作家，而搞评奖和评论的大体上还是这样一批人，长久以往，便形成了一种规矩：发在某些刊物上的作品，常常也就是备受推崇、极易得奖的作品。这样做的好处自然是，既维护了刊物的权威，又维护了评奖者的权威。这在文艺界是一种普遍现象，只是没有歌词界、作曲界、晚会界那么黑罢了。当然这背后隐藏着老一辈的一种困境:所谓矮子里面拔高个,无论如何,总不能不出刊吧？总不能不评奖吧?

其实年轻人也有自己的无奈之处，有些前辈总是喜欢画地为牢,肥水内流,居功不退,有的年轻人才会出此下策,出现一些可笑的举动。比如,有个年轻博士在接受采访时曾经谈到:“贾平凹、余秋雨各有很不错的作品传世,鲁迅、巴金、金庸、莫言、王朔、摩罗、李建军也都有他们值得尊敬的成就。”读者一看就乐了,有这么排序的吗？居然把自己的几位年轻朋友排在“大名家”后头,真是悲哀之举。不信,请看看这几年出名的年轻人,女的靠什么出名,摆在我们面前的作品,因为没穿裤子,所以一目了然,至于背后是怎么搞的,不得而知;男的,除了几个是学生(请注意:学生是另外一个卖点)外,如果身份是社会人,几乎全是靠所谓“酷评”才成名,比如王彬彬(二王之争)、余杰(二余之争)、葛红兵(悼词)、朱文和韩东(断裂)、蒋泥等几位博士(作家批判书)。细想想,他们实在是没办法啊。

真希望有些志得意满的作家们回头看看,什么才是有思想、有影响的作品:《汤姆叔叔的小屋》的作者斯托夫人被林肯称为“引发了一场战争的小妇人”,《百年孤独》完美地描述了人类“儿童状态”对于恐怖与无助的自我意识,《战争与和平》对于人类共同苦难的探究至今无出其右者，西方现代派作品曾经让中国作家群体疯狂模仿……而在我们这里，说句不中听的话,真是时无英雄,竖子成名(特别声明:不是每一个竖子都成名,也不是每一个名家都是竖子)。这是一千六百多年前的阮籍面对刘、项争锋的古战场摇头发出的幽叹。一千六百多年过去了，时世何其相似！

如此混乱局面恰是由思想矮化引起的。挺拔的竹林从来不互相纠缠，乱长的蔓草则总是在吵吵闹闹。这种现象是很值得好好玩味一番、细细梳理一通的。

一、缺乏思想的表现种种

缺乏思想的表现无外乎内容和形式两方面。

内容上的猎古猎奇猎艳，直接造成了文学视力的老花、散光和近视等疾病。这等眼神，自然毫无思想的穿透力。老花患者在写历史传奇。写这种东西的好处首先是两个字：好读。中国历史历来是讲究智慧的，而这智慧几乎全是什么用兵奇谋、宫廷斗争、奸相忠臣、处世良方、全身之道，故事俯拾皆是，奇趣层出不穷。而且，既是传奇，便可如《三国》、《水浒》般信手写来，只是没有罗贯中和施耐庵的那份才气和雅量，写出的东西只适合拍拍影视剧，闲来消遣，在其他方面实在无法细细审视。这方面的代表人物是二月河。二月河之外，还有人在费大功夫写大秦、大唐、大宋、大明中华五千年，自秦以来虽然很少产生思想，但无聊且重复的故事颇多，足够文学视力老花者抱住乱啃。我们的作家之所以擅描（是描红的"描"，不是"写"），还有一个附带的原因是，他们非得从历史中寻找厚重感，是受了几种影响，一是俄罗斯（苏俄）传统，如《战争与和平》、《静静的顿河》，二是拉美传统，如《百年孤独》，三是反右和"文革"，使作者觉得现实题材雷区太多，而历史题材小心把握，不要写出《海瑞罢官》一类的作品来，没准还会被认为是揭露封建社会的罪恶哩。

散光患者在写人生苦难。在这方面,除余华、李锐等少数作家具有举重若轻、拈花微笑、大悲如喜的特质外,其余都犯了一个错误,认为中华民族千年凝固的农耕状态,足以代表人生的苦难、人性的无奈,于是在这题材上铺上高粱秆,围上篱笆墙,穿上厚棉裤,深挖各种原始欲望、残酷的生存竞争、无聊的日出日落。更令他们信心百倍的是,曾有海外汉学家认为,汉民族的这种凝固状态,完全可以提高到人性的审美高度,或者是"存在"的哲学深度,于是大家更是趋之若鹜,生怕自己失去这种厚实的写作之基。但是,这种对于生活原生态的描述,如果只是起到了摄影的作用,只是因为熟悉某种生活才写,既没有浓缩,也没有提炼,结果只能是既非艺术,也无思想。在许许多多的摄影作品中,我们可以看到无数张沟壑纵横的脸,无数个在严冬抽着旱烟袋、穿着厚厚棉衣的存在者。实际上,一个真有思想的写作者,决不会抱守某种自以为是的题材而不放,更不会取巧献媚于题材。对类似题材的把握,总是能置于一个阔大的思想背景中。读余华的小说,通过精巧的构思和平实的语言,尽管他没有直接描述农耕文化,但在主人公让人啼笑皆非的故事中,完全可以想象到一个多么可怕的生活背景。

白内障患者在写时代生活。本来这是一个缤纷的时代,写作资料比比皆是,比如可以描写生态及自然环境问题、女性主义、家庭解体、新型战争、生活本身的荒谬……但我们很少有作家这样做,而是产生了像王朔、池莉、卫慧这样的时代先锋,再有就是写公园里的一次艳遇、会场上的一种眼神、飘游于男人间的女性弄潮儿。这些东西,难道就是这个时代能给予我们的吗?在市场化写作越来越明显的趋势下,对于当下生活的描述,作家和读者都定位于最浅表层次的感官快乐。当然这是可以理解的:一个穿着衣服的人,再怎么妖娆美妙,再怎么婀娜多姿,固然可以吸引众人眼光,但若更能吸引众人眼光,还须脱光。白内障的特点之一是,连表面的妖娆美丽都看不清楚,惟独可以模糊地看到脱光后的白花花一片。然而,脱光状态能代表这个时代吗?同样的道理,我们的作家所描写的时代生活,一律描述的都只是时代的"脱光"状态,是一种畸形的表象而非本质,远非时代本身。

红眼患者在写少数民族。平心而论,在很大程度上,一个民族的苦难和历史,确实能代表全人类的苦难和历史。但是,如果描述这种苦难和历史,仅仅是把该民族的风俗礼仪当成新奇的东西,仅仅是把主人公的名字当成特别的发音单词,仅仅是把同样的历史故事和逻辑不再放在中原大地上,而是放在村寨边、高山上、毡帐内、雪地中,这样的故事未免也太多了吧。产生这种现象的原因是国外的"民粹"作家屡屡获奖,而且展示了截然不同的韵味。霍达和阿来在这方面做得相当不错,是因为作者同时存在着两种长处:一是本人熟悉这种题材这种生活,二是发现了这种题材这种生活具有独特的景致,即人们通常说的,某某将"笔触伸到了一个鲜为人知的地方"。这样写,自然有人大感兴趣,而于题材的独特之外,鲜问思想了。对于这类小说,不妨采用这样一种读法,假如剔除那些地域色彩浓厚的人名、地名、官名、习俗名、宗教仪式名,还原成一个普通的故事,则索然无味矣。而优秀且深刻的小说,则绝对不惧怕这种调换。换句话说,无论你怎样剔除调换,都是震撼人心的好作品。

近视患者在写新奇怪异。大约贾平凹、莫言等人也觉得,阔大的历史框图,勾画的人太多了,也太容易勾画了,于是他们另出奇策,就写身边的新奇怪异。他们的共同特点是：在运用语言方面纤巧老练、异趣盎然，在观察世态人情方面入木三分。有此二者，完全可以把一件破事写得天花乱坠。另外一个原因是，中国的两个民间传统心态造就了他们的成功，一个传统是，由于封建社会统治阶层的别有用心，视性和欲望为可恶的东西，即所谓存天理、灭人欲，极度虚伪的结果是，天理无影无踪，人欲变得扭曲呻吟，明眼里是全民禁欲主义，实际上造成的是，民间文化对于性事的深深关切之态；另外一个是，窝里斗的残酷历史与明哲保身的行为哲学互为表里，造成了民间对于无聊、庸俗、残忍等行为的看客心态。普天之下，情同此理，人同此心，读者根本不需要探头去看外面的世界，只须看看身边的一花一世界、一鸟一天堂。所以，他们的作品被认为是世界、是天堂，全不管这世界、这天堂毫无新意，毫无深度，全无一丁点儿的含金量——五千年就是这么走过来的，一批作者死了，又生出一批作者；一批看客死了，又生出一批看客。

有人定然会有如此疑问：如果这些作家真是患了眼疾，为什么还有大量读者对他们的作品非常喜欢甚至是崇拜？首先，无论他是一个几流作家，既然成了作家，肯定是有可取之处，也肯定会有一部分读者喜欢。其次，正因他们所描述的生活层次较浅，很多读者都有一种亲切的认同感，在没有深沉认同感的作品的前提下，读者也只好认同这种浅层表现。这也是另外一种形式的"时无英雄，竖子成名"。三是他们几乎都成名于上世纪八十年代的所谓新文学时期，属于荒漠上的奇葩，汪洋中的救生岛，加之又形成一个互生互利的圈子，读者自然得绕进这个圈子里去。

形式上的舍本逐末也是一大原因。对于汉语言的魅力，大多数作者不仅在"表现什么"时呈现出迷途状态，而且在汉语言本身上缠起了裹脚布。

我们的评论家在评论当代作品的语言时，用的是“圆润”、“绮丽”、“温暖”、“冷静”……不知怎么的，这些词语总是容易和某些不雅的东西产生联想。生活在农村的人都知道，家禽家畜的粪便各有各的妙处，就直观的来讲，羊粪表面光洁干净而内里丰厚，可称之为“圆润”；牛粪落地后仍热气腾腾，可称之为“温暖”；鸡粪因其食性不同，常常是黄白灰黑色彩具备而相间，可称之为“绮丽”；在寒冬，人们若要从猪圈里起粪时，遇到的必然是猪粪的“冷静”……对不起，再说下去，就该呕吐了。

语言之于文学本是一种工具，把工具本身当成目的，已成为中国当代文学的不可承受之重。她真正应该承载的东西，比如思想，比如想象力，比如阅读快感，已越来越稀有了。

此外，在中国还有一种称为“哲学家”的产物，以周国平可为代表，其特点是所写的散文中充满了“哲思妙悟”，但仔细一看，不仅毫无新意，而且有抄袭之嫌。因为关于抄袭，文法已有公论：凡引用文字占到全文百分之三十以上者，视为抄袭。在周国平等人的“作品”中，有的是克隆思想，有的是克隆文风，更有甚者是直接克隆文字。以短文《关于婚姻的自嘲》为例，一篇仅仅五百字的短文，引用他人轶事、语言就达四百余字，而且均可从名人轶事或格言辞典一类的书上找到，何其容易！

二、缺乏思想的原因探析

一是文化传统的以讹传讹。对于中华民族的文化传统，往往表现出一种畸形的承接。比如对于庄子，其思想的博大深厚，一直是专家学者的研究课题，而我们的作家，就内容而言，则集中感兴趣于厌世的情绪、失意时的逃避、怀才不遇时的自慰，就形式而言，也逃不开仪态万方一类的赞誉。在今天，庄子的思想更体现在对工业文明的反思，对生态环境的深沉忧虑。这一点几乎是神奇而先验的，然而也是千真万确的，因为几乎同样的思想，我们可以在卢梭、马尔库塞或罗马俱乐部的著作中发现。所不同的是，后几者都是直观的忧虑，庄子则是奇诡的预测。故尔，同样的思想，庄子的表达方式更迷人也更绝妙，甚至是更有说服力的。例如，描述人的异化问题，散文大家余光中曾仿庄子作《逍遥游》一篇，颇有苏东坡当年以自己为"庄子转世"的才气，只可惜也是仅在语言和境界本身上打转，既无发展，亦无延伸。

对于另外一些典籍也同样如此，它们总是执着于文学是语言的艺术，有不计其数的写作者在重构着中国的语言神话。而对于思想的传承，则表现为以人与人之间的复杂微妙感情和关系为核心，或者是奋进而济世的，以最浅显的层次介入私人生活和社会生活；或者是低沉而回避的，以最佳风度展示生存的意义。以文人常常倾心的魏晋风度为例，这种把儒释道杂糅的东西，在历朝历代都绵延不绝，产生了像《小窗幽记》、《菜根谭》、《幽梦影》一类的著述。这种情调与流俗之下，对于真正的社会或人本身，写作者都没有力量真正面对，因为他们看惯了传统文化中浮光掠影式的东西，无法真正进入传统文化的内核。

二是对于西方思想的拙劣模仿。凡模仿，是断然不能产生思想的。真正的心灵颤动是共鸣，而不是模仿。1865 年，尼采在看到叔本华的著作时，他发现了"一面镜子，我通过他照见了世界、人生和我自己那被描绘得无比崇高的本性"；"好像叔本华在亲自对我讲，我感到他的热情，仿佛他就站在我面前,一句句大声地叫喊:放弃、否定、顺从”。

在上世纪八十年代,曾有刘索拉的《你别无选择》、徐星的《无主题变奏》等作品名动一时，但这几个作者的不凡之处在于有自知之明，他们深知自己的东西是在模仿，捞一回闲名也就各自去了，不死套在文学圈里。该种文学作为一种情绪化和投机取巧的产物，是可以理解和原谅的。

而有的模仿者除却模仿之外一无所长，只好厚着脸皮写下去了,于是读者也只好在这拙劣的模仿中进行着类似“新奇”的阅读。更有知情者却从国外找到故事原型甚至是故事模型。殊不知,西方现代派文学有着极为深厚的现实背景,每一次思潮的来临都能找到生活中的源渊。比如二战后弥漫于欧美的消极颓废情绪,产生了萨特等的存在主义、颓废的一代;在西方物质文明压迫人类生存本性时,产生了马尔库塞的“反文明”,文艺则从中看到了生活中极其荒谬的东西。

而我们的“现代派”一夜之间便旌旗林立。这样的结果,因为没有生它养它的土壤,只能是产生一些徒具形式的新鲜感,除了最终走向死途,也不可能有第二个结果。二十年的改革开放,中国也具备了现代派文学的某些生活源渊时,中国的作家们却由于对模仿所产生的恐惧而裹足不前了。

三是目的性太强的取媚倾向。有一句名言是“越是民族的就越是世界的”,在老百姓和评论家中自然口碑甚好,于是很多作者痴迷于一池浊水、半片秃山,大量运用黄色小段子、民间俗语俚语,并以此博得一片喝彩声。比如,有批评家曾说到贾平凹“一个老人的蠕动的嘴像小孩子的屁眼”,以及类似的句子,走的是欧·亨利描写美国西部的路子。但相较之下，两者情趣大异。贾平凹给人的感觉只是一个乡村说书人，端着一大碗面坐在街头滔滔不绝。他只是一个优秀的"说事"的人，你要是想知道他要表达什么、反映什么，哪怕就是他的后期作品，如《废都》、《怀念狼》等，除非评论家硬套，是难以发现任何思想深度的。在欧·亨利的作品中，我们看到的是对底层民众的悲悯，对人生深层次上的无奈与戏谑。贾平凹本人对此局限也是深有认识的，他曾经在自己的文章中不止一次地谈到："我看同辈作家的作品少得很，那么多，没时间读。有时看了，不以为然，譬如有的作品当时在国内叫响得很，后来看并不咋样。不知文坛是咋弄的。"（以他的聪明，一定知道文坛是咋弄的）"我回想我到底写了些啥东西，还落下个虚名。"在另一篇文章中他说："中国作家最缺乏的是一种气量和胸怀，每每想起来令我沮丧。这个时代难道只能产生我们这些琐碎的作家吗？"（关于气量和胸怀，中国作家还有一个特性：他自己可以"谦虚"地说自己是不成器的、末流的，但只限于他自己说，别人若是一说他，可就捅上老虎屁股了）贾平凹是清醒的，因而也是痛苦的。琐碎正是民间生活的常态，而津津有味地描写琐碎的作家，无论自觉还是不自觉，总是难舍取媚——无论这种取媚是无意还是有意，至少可以标榜"读者喜欢我的作品"。

四是功利性写作。很多功利化很强的写作者，以隔壁老太太的悲哀为借口，掩饰自己的功利化写作，从而也使自己没有思想这一层得到弱化。这背后的潜台词是：我有思想，我是故意这么做的。池莉不是问过这样的问题吗？哈姆雷特的悲哀在中国有几个？池莉可能醉心于市井，忽略了这个时代的文化演进：她若是进了高中校园，随便问一个高中文科生，他也知道哈姆雷特在想什么！

更深一层的问题是，池莉所说的隔壁老太太的悲哀，也远不是她作品中所描述的那样。数家调查公司都对中国公民最关心的问题进行过调查，结果大同小异，他们所面临的悲哀最多的就是那几项，比如正义公平、食品安全、腐败等等。池莉也应常在街头闲谈，想必也知道他们每天咒骂着什么，悲哀着什么，可是再从她的作品中去寻找，找到的却是另外一些东西。这是隔壁老太太的悲哀吗？那只是一些琐碎或时尚的故事，甚至还不如她的早期故事，比如《热也好冷也好活着就好》就写得更有意味。可影视一播，名声在外，不由让人坠入其中。

其实有个问题是不用回避的，写作本身，就包括纯功利化写作和思想者写作的区别，井水河水之别，二者也不必强分什么高下。只是有些人不想承认自己的功利心，这就有点奇怪了。居于浊滔，却想着不舍清流之美誉，累矣，生搬硬套的"文以载道"居然害人如此！

现在的年轻一代则不再考虑这个问题，以包装"少年作家"出名的一个策划者，在谈到成年作家时说过这样的话："那些著名的作家和教授们，大部分此刻正写着平庸、琐碎、自以为深刻的无聊文字，他们内心猥琐，情感干涸，早已被读者抛弃！"他在谈到孩子们时则说："我认识的几个'少年作家'，脑子都很清楚，他们根本就没想去跟'文学'较什么劲，只是想着把小说写得更好看，更符合读者口味，更打动人心，从而更好卖。是的，他们媚俗，但他们正在成长为专业的畅销书作家，他们从小就有这天分！"一为商业追求，一为思想追求，这本是再自然不过的事，坦诚一点，互不相乱，利己利他。如果天分是赚钱，则谈赚钱；天分是思想，则谈思想；但一旦反过来，不仅虚伪，更会沦为笑谈。

三、走向思想之路

至少要脱身于历史环境的负面影响。在漫长的封建历史中，吾皇万岁万岁万万岁，依古制之，依礼制之，稍有思想的嫩芽，轻则将思想铲除之，重则连人带思想铲除之，久而久之，文化人渐渐形成了一个不成文的定则，对于思想，能远离则远离，哪怕是在开明的时代。这样的结果是，以作家为代表的整个文化群体被囿于笼中，缺少一种向外的张力，比如对于人生意义的探求，对于宇宙真相的追寻……而是只能向内寻求两种东西：一种是对于汉语言和汉文字写作的超越和解脱，产生了呆到极致的汉魏大赋，也产生了美到境界的唐诗宋词，在单纯的文字中乐此不疲，寻章摘句，拾秽就污；另外一种是有着强烈的“泛政治”倾向，无论所言何事，定然扯上皇室官家、权力腐败、民生疾苦、经世济国，只可叹扯上是扯上了，尽是些皮毛之扯，从来没有产生适用于本土的制度建设方面的著作或文学作品——类《百科全书》、《论法的精神》、《社会契约论》、《常识》者。

关于这一点，有一句名言叫做“越是民族的越是世界的”。这就要求我们的作家有个最起码的素质，分得清哪些是精华，哪些是糟粕，哪些东西可以作为世界性的东西来展示，哪些东西搁什么地方都不值一提。但是操作这种东西显然太难了，远不如直接写着“世界大众”爱读的东西来得轻松，来得名利，让你惊讶，让你拍案，这就够了，至于思想，评论家能挖出来则好，挖不出来，至少是一个好看的故事。所以有了如下结果：至今也没有产生公认的体现某种思想的作品。

沿着上述道路再往后发展，古时是“有井水处皆咏柳词”，现在是作家们不惜以千金之躯往下三路走，向市井中走，就是从来没有能力往思想上走。有些名字基本上如柳永，家喻户晓，但只能让读者随着自己一起自慰，读者看不到任何思想的灵光，丝毫没有启迪作用。所以，只有脱身于历史的负面影响，离开对文字的过分迷恋，真正的思想才会破土而出，铲也铲不掉，烧也烧不死，灭也灭不尽。

培养形成思想的思维温床，也非一朝一夕之事。因为有很多作家正痴迷于“无思想”的成功状态中，自得其乐，自忘其侮，在一个视“成功”为惟一标准的超功利时代，成功者的一句洋洋自得的“狗日的思想”就会把培养思想的重任抛在路边。而后学者，看到前人在花里胡哨或“泛政治”中居然成功，也必群起而学之，放弃对思想的追求和培养。换句话说，整体文化环境的改良至为重要，要求许多文学中人都必须有自审的能力，而非自恋的情绪，都必须有海纳百川的阔大境界，而非死爱面子的将错就错、讳疾忌医……如果有很多成名作家敢于面对自己的肤浅，进而完全袒露自己的心迹，呼唤有真思想者面世，则对于思想的形成善莫大焉。

（**达　然** 文，原载《书屋》2005 年第 5 期）

作家的根在哪里?
——从对《如焉》的讨论谈起

胡发云的长篇小说《如焉》发表于《江南》杂志 2006 年第 1 期后,引起了评论界和思想界的极大关注,好评如潮,甚至地摊上还出现了盗印的单行本。今年 4 月 21 日至 22 日在武汉东湖公园举办了一个作品研讨会,邀集了我们武汉和外地的一些名人或非名人,大都不是专业的文学评论家。这次讨论会后来由《南方都市报》作了专题报道,主要是在思想界引起了一些反响,特别是由于残雪的介入,而产生了某种"轰动效应",但在文学评论界,尚未见有人上升到理论高度来对此加以评说。不过我觉得,残雪提出的问题是值得文学评论界认真思考的,这就是作家的根究竟植于何处?她的提法有一种观念上的突破。忽视形而上的问题而只对一部作品作形而下的评价，这是我们中国自古以来的传统，在文革中发挥到极致，在上世纪八十年代仍然成为文学评论界的主流。我们总是动不动就说这部作品"宣扬"了什么，"揭露"了什么，并由此引申出我们应该"提倡"什么，"鞭挞"什么，却永远也无法理解一部作品到底"是"什么，这就是残雪为什么那么厌恶八十年代文学的"传统"的缘故。

到了上个世纪九十年代，情况有所改变，有一大批作家开始摆脱意识形态的框架而说自己内心深处真正想说的话了，所以，我认为九十年代是中国当代文学的高峰期。不过，这个年代的文学仍然大都具有某种两可的动摇态势，它既可以是中国作家向人性深处突围的开始，但也可以仅仅是一种意识形态的反叛，有一种走回头路的可能性。例如，即使是在最极端的两性问题上的冲击（《废都》、《丰乳肥臀》、《上海宝贝》等），也仍然有可能是一种意识形态的逆反心理，它们对社会所造成的冲击，一旦意识形态的压力消除，就可能失去其力度，甚至成为一种更新了的意识形态的同谋。但如果这些作家继续努力向人性的深处探索和挖掘，也是完全有可能在纯文学的意义上丰富人类的精神生活的。可惜这些作家大都没有对自己的"根"的明确意识，也许是由于本来就扎根不深，天分有限，进入二十一世纪，通常都江郎才尽，有的改行，有的勉强支撑一个空头门面，成为更具弹性的意识形态结构中的一环。到今天，外在的可供选择的题材已经几乎被用尽，除了某些太敏感的话题不能说以外，性交、乱伦、同性恋、魔幻、怪力乱神、精神病、梦呓、戏说、语言狂欢（"无喱头"）、吃人肉、变态……已经被中国作家玩了个遍。中国读者的神经已经受过了一切可怕的考验，如今再没有什么东西能够使他们感到惊奇和闻所未闻了，在这样的时代，作家何为？

我认为真正的作家不屑于趋附潮流和时尚。这并不表明他们脱离时代和社会现实，而只说明他们的现实更深地埋藏于人性的内部，他们凭借自己的天才和敏感而发现了它，并且让它在自己的作品中喷涌而出。他们不需要到某个地方去"体验生活"，因为他们每天都在生活，既生活在日常现实的世界(家庭、单位、菜场、医院、公交车等等)，也生活在自己的内心。他们的外部生活和内部生活是一体的，他们的生存就是海德格尔所说的"在世"(In-der-welt-sein)。在外部生活中，他们和"常人"没有两样，但他们和常人不同的地方就在于，他们赋予在世以自己个人"此在"(Dasein)的独特的意义。这种意义不是他们装出来的，也不是从流行理论中借来的，更不是用来向人炫耀、用来谋取其他好处的手段，而是他们安身立命的根本。此外，这种意义即使在他们自己内心也是飘浮不定和捉摸不透的，因而是作家的痛苦之源。每当他们模模糊糊地抓住了一点什么，他们就喜不自胜，有一种要把它完整地表现出来的冲动。或者说，只有在这种冲动所激发出来的写作欲望中，在如醉如痴的写作过程中，这种模糊的意义才能变得更加清晰起来，但总不能达到完全的澄明。半吊子的作家虽然也模模糊糊地抓住了一点什么，但却以为这就是一切，因而他们的痛苦只是一时的，随着作品的完成，他们就志得意满，不思进取，甚至用他们的一点成就向社会要价。至于那种看别人眼色行事而玩弄文字技巧的写手，是连"作家"之名都配不上的。今天人们呼吁作家用自己的才华为社会"服务"，或者去"关注"什么、"批判"什么，这无异于要求作家成为"写手"。巴乌斯托夫斯基说得好，作家不是医生，而是"病痛"。

当然，对作家的这种呼吁一般说来也并没有错，如果这种呼吁并不是特别对作家的呼吁，而是对一般人、包括对广大民众的呼吁的话。所谓

"天下兴亡,匹夫有责",作家当然也属于"匹夫"之列,并不具有特殊的身份。作家也是人。但这种呼吁的迷惑性也正在这里,它仿佛是特别针对作家而发的,似乎名正言顺地成为了作家的"责任"和"使命"。人们往往举一些著名作家介入社会政治生活的例子来论证作家的"公共知识分子"身份,如左拉在"德雷弗斯案"中,或萨特在抗议越战中所起的作用。这只能说明他们是好公民,而不能证明他们是好作家,好作家还是要由他们的作品来证明。作家最好的作品也不一定就是表达他们的政治态度的作品,连恩格斯都说,作家的倾向性越是隐藏起来就越好(所谓"莎士比亚化")。作家既然生活在社会现实中,他当然也会有政治态度,正如他也有一般人的喜怒哀乐一样。但作为一个作家,他的这些倾向性都应该在艺术的熔炉中经过陶冶,成为他的艺术创造力和艺术感觉的材料。至于凭借作家的政治态度来评定他的作品的优劣,这种片面武断的文艺观多年来已使我们遭受了巨大的精神损失,也是完全不符合世界文学史的客观实际的,在今天实在不应该再重新占据我们的头脑了。

现在回头来看这个问题,作家的根在哪里?我的回答是:就在作家内心的"敏感性精神"中。"敏感性精神"(l'esprit de finesse)原是法国哲学家帕斯卡尔(Blaise Pascal,1623—1662)的用语,他把人的精神分为两种类型,一种是"几何学精神",一种是"敏感性精神"。前者是论证的、推理的、超越日常生活的,后者是在日常应用中的良好的洞见力,能够从异常繁杂的事物中凭借"极其细致而又十分明晰的感觉"而一下子把握整体。这两种精神并不是完全对立的,而是互相渗透的,但"敏感性精神"要比"几何学精神"更高,因为它直觉地把握到的东西,用"几何学精神"来推论却会是一件"永无止境的事"[1]。这实际上是一种创造性的精神,它虽然也离不开理性(几何学精神),但并不归结为理性,而是把理性当作它自身的工具。所以,作家最重要的是要有创造力,或者说独创性,而这种创造力和独创性主要体现在对情感、情绪和情调的敏感性上,他能够在人们司空见惯的事态中独具只眼,见到特殊的审美价值,甚至凭借情感和情绪所要求的想像力构思出一种具有特殊审美价值的事态来,并通过熟练地驾驭文字把这些审美价值表达出来,感动他人。我们通常把这种能力称之为“天才”。作家的天才包括两个要素,一个是对情感(情绪和情调)的敏感性,一个是对语言的敏感性;而对语言的敏感性其实也是对情感的敏感性在语言上的体现和引申,它使对情感的敏感性带上了自己的特殊类型,也就是以“写作”这种方式来实现自己的艺术家气质。另外一些人如音乐家和美术家则是以另外的方式来实现这种艺术家气质的人。

所以我认为,作家的根就在于他对人类情感、首先是他自己内心深处的情感的敏感性,以及把这种敏感性用文字表达出来的(“感人”的)能力。立足于这一点,我们对一个作家作品的评价就有一个最起码的标准,就是看他是否打动了我们内心最隐秘的情感。有人也许会说,我内心的情感只有我自己最清楚,不需要别人来打动。这就是那种不理解人性深度的人所说的话。其实人在日常生活中最不了解的恐怕就是自己了,哪怕他生活了很多,也积压了很多不吐不快的情感,甚至积聚了一股巨大的情绪,但他说不出来。既然说不出来,也就模模糊糊,不能确定,不知道自己到底是个什么人,于是就想,如果有一个小说家把自己的经历和情感都栩栩如生地表达出来就好了！我们大部分人的一个很大的遗憾,甚至是终生的遗憾,就是不能把自己的经历和感受都写出来,我们说:“可惜我没有写小说的才能！”我们每个人的经历其实都是一部小说,只是没有写出来而已。当然,实际上没有人能够来帮你写一部小说,即算有小说家对你的生活题材感兴趣,他借此写出来的小说也只是他自己的故事,是他凭自己的情感所敏感到的他的可能的经历,但正是他的这种敏感,触动了你内心那根敏感的神经,使你更深刻地认识了你自己。你会说:这正是我想说而说不出的!而这样认识到的你自己,显然就不只是你这个孤立的个人,而是在你心中、但他人也可能拥有的普遍人性,是从他人那里重新获得的你自己,人与人之间借此而达到了共鸣和沟通。甚至可以说,自古以来的人性,或者说人类的共同的精神性,就是这样形成起来的,并且今天还在引导人类向精神的深处携手同行。这种精神的蕴含是无穷尽的,它永远有隐秘的未知领域在诱惑着我们,首先诱惑着那些真正的作家和艺术家们。如果要说作家有什么责任和使命的话,这就是作家的责任和使命。

明确了这一点,我们就可以建立起作家精神生活的真实结构了。作家在自己内心的情感的敏感性这个基础上,作为一个艺术家,把其他一切生活的内容都当作使这种创造力得以运用起来的材料。作家并不放弃生活中其他的内容,他绝不是两耳不闻窗外事、只关心自己的心胸狭隘的人,不是那种只对自己的声音着迷的自恋者,而是广泛地关注社会、关注人生、关注大自然,对一切现实事件、事物和各种人物有着极大的兴趣和真切的感受。他当然也可以关心政治,关心老百姓在日常生活中的状况;或者,如果他愿意,他也可以只关心昆虫、关心植物和动物。但从作家的使命这个视角来看,这一切都只是有待于作家的创造力加以升华的基本素材。反过来说,一个作家日常生活素材的丰富性,也决定了他作品内涵的包容性,这是他的作品富有思想性的一个前提。但作品的思想性不仅仅是指它反映社会现实问题的广度，而且还指作家运用自己的敏感性精神对现实素材进行思考和抽丝剥茧地琢磨加工的深度。在这种琢磨加工过程中，理性，或者说“几何学精神”，起着不可缺少的中介作用。因为这种加工实际上是对现实材料的层层深入，每一层都不可与另一层相混淆、相错乱[2]。只有理性能够指导敏感性精神在该出击的时候出击，该含蓄的时候含蓄，从而使敏感性精神永远保持着充足的底气和锐利的锋芒。只要处理得当，理性是艺术创造精神的维护者和维修者。所谓处理得当，是指理性要摆正它对于敏感性精神的位置，它不能凌驾于后者之上，而只能充当后者的守护神。

所以，作家不论是对社会问题的关心，还是对外界事物的关心，本质上都是对人性的关心，文学本质上只是人学。而文学所要表现的人性本身也分为三个层次。第一个层次是一般人的精神性，人类精神生活的各个方面都可以纳入文学表现的范畴，如道德、正义、善、幸福、爱恨、智慧和机智等等，只要它们显得“美”。第二个层次是情感层次，它把第一个层次的所有内容都凝聚为一点，这就是能够引起人类共鸣的情感。作家描绘人物也好，讲故事也好，抒发自己的感情也好，最终还是为了用自己的作品打动人的情感，引起情感上的共鸣。我们甚至可以说，传达情感正是一切文艺的本质[3]。第三个层次是最高层次，这就是自由的层次，这是人类一切精神生活的总目标，人类精神所追求的无非就是自由，艺术和文学最终也就是要表现和高扬人的自由。敏感性精神的创造力就是一种自由的创造力，它与道德实践的创造力和科学、技术的创造力一起构成人类自由精神的三种维度。这个第三层次即自由精神的层次是不可缺少的层次，有了这个最高层次，文学艺术的情感传达就有了明确的目标和方向，它就不会停留于煽情、滥情甚至媚俗,而是致力于向更高的自由情感的提升。

而这样一来,作家的使命就不可能是静止地理解的情感传达,而必须放到动态的发展过程中来看待了。就是说,并不是一时间获得了最大轰动效应的作品就一定是好作品,而要看它是否对人类的情感作出了提升,拓展了人们对人性的同情地理解的广度和深度,使人的情感更加具有包容性和自由的创造性。一般说来,情感总是自由的情感,是自发的、不能勉强的,但在客观上,狭隘的情感仍然还是受束缚的情感,其自由度是很低的,它也许在一个社会中能够获得大多数人的认同,却不能说代表人类情感未来的方向,而只是面向过去和当下的。人们要求的是更高层次因而也更有持久性甚至有永恒性的作品。文学的本质并没有改变,仍然是普遍传达情感,但这种普遍性越来越成为一种可能性,而不是现实的普遍性。就现实而言,毋宁说现代文学日益趋向一种小范围的文学,特定的文学要求特定的读者, 它不可能再有过去那种洛阳纸贵的辉煌,或者说,即使它无意间造成了那种辉煌,那也不是它的本意,除非它有意媚俗[4]。所以,现代文学的普遍性是对人性的一种呼唤,一种要求,要求人类提高自己,充实自己,而不是一种迎合。现代文学的普遍性只是针对那些有个性的读者而言的,对那些人云亦云、缺乏个性的读者,它要求他们发扬自己的个性,提高自己的层次,否则就拒之于门外。但就本质而言,它展示了一切人都做得到的可能性[5]。

所以,情感的传达虽然是文学艺术的本质,但从发展的眼光看,今天的文学对传达什么样的情感提出了更高的要求, 这种要求有两个方面。一方面,情感越来越要求有个别性和特殊性,以便更加能够突出情感的自由自发的本性。传统文学虽然也有对情感的特殊性的要求,例如对人物个性的讲究，但那一般说是为了突出“典型”(type，原意为“类型”)，即所谓“典型环境中的典型性格”(恩格斯)。典型就是几乎所有的人都能了解和同情的个别事物或人物，这是古典文学努力经营的最重要的主题。现代文学则主要关注那些不为一般人所理解而只能为少数人理解的人物情感。这里面难免也会鱼龙混杂，产生大量变态、畸形、疯狂和非人的情感，甚至是无人能够理解的和反人类的东西。但也有一些作品之所以不能够达到“普及”或“雅俗共赏”，是因为一般读者缺乏精神上的准备和积累。随着时代的进步，这种前提将逐渐具备，能够理解这类作品的人的队伍就会日渐扩大起来。文学史上不乏这种读者一时不能接受、后来却风靡一时的作品的例子，最近的如八十年代的“朦胧诗”就是如此。另一方面，现代文学所传达的情感在今天更加强调其中的思想内涵，它即使表现为自发的冲动，也应该是可分析的。当然不可能彻底分析，“诗无达诂”的原则仍然有效。但读者总可以将自己社会的、哲学的、历史的、文化的、宗教的、道德的等等思考灌注于一部作品中，而不是单纯的“抒情”或“叙事”可以涵括的。

所以现代文学对作者和读者都提出了比古典文学更高的要求，一个作家必须具有更高、更全面的修养，才有可能成为经典的巨匠，而读者也必须具备更多的知识储备和文化储备，才有望成为一个合格的现代读者或评论家，即那种能够理解现代经典作品的读者或评论家。当然，现代的作品和古典式的作品并不是完全绝缘的，一个现代作家也完全可以创作出传统风格的作品来，所以现代文学的领域实际上是各种风格浑然杂处的局面，甚至同一个作家也可能采取现代手法和传统手法来创作出不同风格的作品。但能够代表现代文学趋势的作品和只是传统文学的自然延续的作品还是明显不同的，所以我们说“现代文学”并不一定是指“在现代产生的”文学，而是指具有不同于传统文学特点的现代风格的文学。现代文学的一个特别突出的特点就在于它更着重于用思想来涵养情感，对于没有思想或缺乏深刻思想的读者来说，读这样的小说就像读哲学作品一样困难，他们在那些古怪的意象底下费尽心思也猜不出作者究竟想要表达什么，因而怎么也找不到感觉[6]。

然而，尽管古典文学和现代文学在创作和阅读方面有如此巨大的差别，但就文学本身的立足点和作家的根而言两者却完全是一致的。只不过这种一致性只有站在现代文学的立场上回顾历史才能看得出来，而一位守着狭隘的传统立场的评论家则只会看到其中的差异，以为那是不可通约的。残雪近年来所出版的几本评论文学经典的书[7]正说明了这一点，尽管传统文艺观视残雪为异类，但残雪却把传统文艺的成就看作自己的先驱。她对《圣经》及但丁、莎士比亚、歌德等人的作品所作的解读之所以是全新的，就因为她用现代文学的特别是她自己的创作理念打通了古典文学，从中读出现代的意义来。按照解释学的“视野融合”理论，对文学史的这种刷新是一个永无止境的过程，因而文学史永远可以而且必须“重写”。当然不是任意重写，而是自己要在文学创作的理念上有新的推进，才能在对文学史进行回顾时揭示出当时隐而不显的深层意义，使之焕发出新的生命力。通过这种不断地重新解读，我们可以看出文学史是一个整体，因为人性是一个整体，我们今天的人只要愿意，也能够理解古代的人，甚至史前时代的人，因为我们自己就是从那里发展出来的，我们的一切人性素质都潜在地蕴含在他们的人性之中。全人类在精神上都是能够相通的，这不仅是就空间上而言，而且也是就时间上而言。我们今天甚至力求去理解动物的心理,提倡动物保持主义,把动物当作人类的朋友来爱护,那么我们更没有理由不去对不同文化和不同历史时代的人类抱有同情的理解。而这种理解的一个最直接有效的途径,就是通过文学艺术。文学的发展方向肯定是通向全人类在精神上、情感上日益沟通,使各种不同的人日益融合在现代人类的精神圣殿之中。但这个精神圣殿的最高的尖顶肯定不会是大众化的,而是引领大众的,否则人类精神的发展就停滞了。

由这种眼光来看胡发云的《如焉》,我们就可以给这篇小说做一个大致的定位了。撇开那些外在的与意识形态擦边的因素不谈,该小说显然是立足于作者的"敏感性精神"之上的,在对历史事件和各种关系的叙述过程中,作者完全是用自己的敏感的心在感觉人物的内心情调和思绪。但这种敏感性本身是有思想的,如小说的主人公如嫣,是作者刻画得最为细腻的一个人物,不是外在的刻画(小说中几乎没有描写她的外表),而完全是对她内心的情感生活的刻画;然而这种刻画中渗透了一个知识妇女在四十年风风雨雨中所坚持下来的那种做人的原则,那种对高层次精神境界的不懈追求,人性的脆弱与坚强在她的性格发展过程中展现得淋漓尽致。又如毛子、达摩和卫老师三个人物,实际上展示了当代知识分子的三种思想境界(如果不算那种彻底堕落了的、名不副实的"知识分子"如江晓力之流的话)。其中,毛子是处在最低的层次,他从一个"青马"的独立知识分子堕落为一个替所长代写文章以谋取好处的庸人,遭到他的朋友达摩的痛斥,但也有良心未泯的自省;达摩则更高一个层次,他始终坚持了自己青年时代的理想,不向权势和社会腐朽风气低头,是知识分子清高的典型;最高层次是历经生死磨难的卫老师,他也清高孤傲,但更为可贵的是，他对自身以及他所代表的好几代中国知识分子有一种自我批判和忏悔精神，而没有达摩那种道德上的盛气凌人。他带有类似于俄罗斯知识分子那样一种宽容、博大的胸怀及自觉的反省意识，他的可敬正在于这种自我反思，而不在于他在道德上所表现出来的某种“圣人”气象。他就是《如焉》中的最高尖顶，因为他超出了中国知识分子几千年的传统人格模式（圣人模式），因而不但为一般民众所不理解，也为一般中国知识分子所不理解。

因此，《如焉》在中国文学史上如果要作一个定位的话，从创作手法上可以看作还是属于传统文学的范畴之内，受西方古典文学特别是俄罗斯文学的影响很深；但从思想性上我认为它已经开始向现代文学靠拢，它的方向是指向人心内部的无穷层次的。因此，它带给我们一种崭新的情感体验，使我们感受到人的有限性，以及某种力图使有限提升为无限的渴望。我们为什么不能创作出像《在贝加尔湖草原上》这样具有永恒意义的作品，而只能写出像“伤痕文学”之类用一种有限性取代另一种有限性的作品来？我们的有限的精神财富如果不能提升到无限性的高度，它将随着我们的肉体的消灭而消灭，时过境迁，这种精神财富就会只剩下一个空壳，让后人随意塞进其他有限性的内容，我们的生命就白活了，我们所受的苦难就毫无价值，我们的任何轰轰烈烈的事业就只不过是“古今多少事，都付笑谈中”的如烟往事。这就是《如焉》向我们启示出来的新时代的新思想、新感觉，也是我对这篇小说感觉甚好的原因。

注释：

〔1〕（法）帕斯卡尔：《思想录》，何兆武译，商务印书馆 1986 年版，第 3~4 页。

〔2〕例如，我们只要看看史铁生《务虚笔记》中对“梦想”和“梦境”的区分，对O与政治家WR及画家Z、对医生F和女导演N、诗人L和他的恋人、对残疾人C和X之间的爱情的不同境界的描写，就可以见出理性的分析对一个作家是多么的重要。古典作品如《红楼梦》中对贾宝玉与林黛玉、薛宝钗、晴雯、袭人等各个不同个性的“女儿”之间的恋情的层次不同的刻画也是如此，正是由于曹雪芹把这些人物关系处理得有条不紊，每个人物的性格及其不同爱情的格调才清晰而栩栩如生地凸显出来。当然，这种理性区分所依据的还是细致的情感体验。

〔3〕参看本人与易中天合著：《黄与蓝的交响》第五章，人民文学出版社1999年版。

〔4〕《如焉》所造成的轰动效应就有这种情况，胡发云的本意并不是要靠打什么“擦边球”来引起读者的关注，尽管这种关注给杂志社带来了可观的经济效益和社会效益，但他深知这只是暂时的，作品的真正价值在于它所触及的中国人性的深层问题，例如中国知识分子的灵魂建构问题，我在讨论会的发言中对此作了重点强调。

〔5〕正如萨特所言：“任何文学作品都是一项召唤。写作，这是为了召唤读者以便读者把我借助语言着手进行的揭示转化为客观存在。……因此作家向读者的自由发出召唤，让它来协同产生作品。”见萨特：《为什么写作？》，载《萨特研究》，柳鸣九编选，中国社会科学出版社1981年版，第9页。

〔6〕 这就是一般人在读卡夫卡或残雪的作品时所直接感到的。其原因当然除了精神上、思想上的准备不足之外，传统文艺理论教条的束缚也使他们在阅读时带上一种先入之见，使他们误入歧途。所以倒是一些没有受过正规文艺理论教育的年轻人比较容易进入这类作品的氛围，其中有的甚至是理工科出身的大学生，只要他们真正具有文学气质或“敏感性精神”。

〔7〕包括：《灵魂的城堡》（上海文艺出版社，1999年）、《解读博尔赫斯》（人民文学出版社，2000年）、《地狱的独行者》（三联书店，2003年）、《艺术复仇》（广西师范大学出版社，2003年）、《永生的操练》（北京十月文艺出版社，2004年）等。

（**邓晓芒** 文，原载《书屋》2006年第11期）

传奇年代的「终结」

一

当代文学提出的问题始终是，生活的本质是什么？文学的本质又是什么？正是在这点上，我们有理由怀疑新时期以来小说的价值，倒不是因为它们太过于贴近政治，而是因为它们远没有写出生活的真相。

新时期文学肇始于1977年，以刘心武的《班主任》为发轫作，但标志却是1978年卢新华的《伤痕》。今天看来，它实际上只是一个粗浅的感伤故事，缺乏细密的生活质地。然而就是这种描写政治歧视的主题，引发了全社会的同情，导致"伤痕文学"问世，如张洁的《森林里来的孩子》、陈建功的《飘逝的花头巾》、韩少功的《月兰》、郑义的《枫》、古华的《爬满青藤的木屋》、陈世旭的《小镇上的将军》。这些作品大都是揭露文革中造反派的残忍和群众的愚昧，目的在拨乱反正惩恶扬善。时代是沉重的又是慷慨的，它把过往一切年代的传奇要素都提供给了人们：坏人当道，好人落难，悲欢离合，善战胜恶。

后来，“伤痕文学”显露出来的底子实在太薄，作家们大都是初登文坛的新手，多年的文学教条和封闭隔绝，造成他们的作品激情有余而底蕴不足。情节多半是概念化的，缺少性格的刻画、细节的描写和心灵经验的重构。几年以后，一位作者回忆当初编辑对其作品的删改，仍然感到懊悔：“我对那个时代特别憎恨，但我却用笔赞扬了它。”[1]这番话倒是有力地印证了福柯的说法：在权力的操作下，言说主体并非话语的依据，而是被话语所塑造的对象。

一些青年作者，如王安忆、徐乃建、史铁生、孔捷生、陈村、梁晓声等，则着力描写二十世纪七十年代的知青生活。这些人成为作家大都在返回城市之后，一当他们发现自己既不属于农村又不属于城市，遂产生了强烈的怀旧之情（如史铁生《我遥远的清平湾》）。青春、爱情和革命的迷惘，借着上山下乡的经验，获得了一种时代的成长美学。而一些作者则试图表现知青的理想主义，成为九十年代“青春无悔”的先声。张承志《北方的河》被誉为表现了一代人的精神历程，作品里没有什么情节，只有一种激情，那个黄土高原上徒步行走的主人公，毋宁说是陷入了“文革”中那种对大地的着魔状态，在满篇“母亲”和“青春”的召唤下，“张开双臂朝着莽莽的巨川奔去”。然而，在许多读者眼里，这样的激情是不真实的。作者越是豪情满怀，就越是看不清周围的世界和自我，越是成为红卫兵历史的空洞而虚妄的回声。

当一批年龄在五十上下的右派作家重返文坛，小说的创作似乎又进了一步。这些作家大都曾经磨难，如今重执牛耳，痛定思痛，在描写“文革”的劫难外，还写到历次的政治运动，形成从历史纵深去探讨“文革”悲剧的“反思文学”，如王蒙《布礼》、《蝴蝶》，张贤亮《牧马人》，陆文夫《井》，张弦《记忆》，方之《内奸》，高晓生《陈焕生上城》，鲁彦周《天云山传奇》等。个别作品甚至还触及劳改营的生活，展示出这个社会最严酷的一面。然而，缺乏自我意识恰恰是“反思文学”的特征，比起“伤痕文学”的平民化，这些作家的公共角色意识更强，常常已经走到真实的面前，却又掉头往回走。从维熙被称为“大墙文学”的代表作家，他的一部作品中的右派主人公因为所爱的女人曾试图偷越国境，被他看成是一个女人最大的失贞，与之毅然分手。作者编造这样的情节，是想让他的落难主人公成为政治正确的英雄，通过一种“贞操”的男权话语，表现出对权力的感恩。张贤亮的《绿化树》中，劳改犯人的饥饿感觉写得十分真实，但让人困惑的是，主人公最后竟通过学习《资本论》，尤其是通过一个村妇圣洁的爱情，不但使他的食和欲得到满足，更使他经历了一番灵魂改造，从此成为一个马列主义者。有这么一段苦难的经历，作者本可从中发掘出很有力度的主题，但他却把它写成了一部充满诗意的现代传奇，历经磨难的才子最终获得佳人的青睐，落了个政治和爱情二美双收的结局。作者要把几十年的苦难合理化、崇高化，至少是犯了一个“时代错误”。

王蒙作品中的主要人物多是右派或高干，对他来说，上个世纪五十年代初的“布礼”永远是纯洁的，后来的受难都是为了祖国和人民，并借人物的话，发明了“亲娘也会打孩子，但孩子从来也不记恨母亲”(《布礼》)的理论。在《蝴蝶》中，一个颇有良知的高级干部，经历了“文革”的被迫害之后，幡然醒悟到自己也曾是一个迫害者，倒不是由于轮回果报，而是由于权力者忘记了人民。根据王友琴的一篇文章，《蝴蝶》中那个高干的前妻海云，其原型是北京某中学的一个教师，被打成右派后被迫离婚，后在"文革"中受尽折磨上吊自杀。小说没有描写原型被迫害的真实细节，对她的死也是一笔带过。事实上，作者未能讲述死者的故事，我们所听到的也不是她要讲述的故事。错过了这样一个用加缪的话来说"承受历史"的人物，而着眼在"创造历史"的老干部身上，也就失去了真实生活中的悲剧要素——不可理喻的灾难，变成一部反官僚主义的作品。就这个主题而言，它甚至还不如作者早期的《组织部新来的年轻人》，后者至少还有一种压抑的情绪，而不是这种在内心里完成的光明结局。

在此之前，在大学校园和一些文学小圈子里，已经出现了一些民间刊物。这其中，《今天》的成就和影响尤为显著。为它撰稿的是一些青年诗人，像北岛的《回答》、《一切》，顾城的诗句"黑夜给了我黑色的眼睛，我却用它来寻找光明"，都曾传诵一时，代表了迷惘一代的情绪。他们不再相信过去的一切，而要去追求未来的某种东西。《今天》也发表小说，这些作品不再从社会的角度，而是从个人的角度去描写社会，尤其喜欢通过残疾和死亡之类不寻常的题材去寻求个人价值。他们与上述作家的不同，在于从集体浪漫主义转向个人浪漫主义。舒婷的《教堂里的琴声》，写一个酷爱音乐的老音乐家，在那个年代靠偷偷弹钢琴维持着生存意志。史铁生的《没有太阳的角落》，则是写三个残疾青年同时爱上了一个可爱的女孩，一种无望的爱，充满温情和善良。尽管他们对个人价值的肯定已经脱离了主流意识形态，但从现代人的眼光看，感伤、唯美和夸张的抒情，原本就是一种浪漫的迷思。他们所缺乏的，仍然是那种写出事物本来面目的能力。

二

上个世纪八十年代中，随着理论界文化热的兴起，“寻根文学”开始把目光投向传统文化，想要从中发现过去与现在之间的某些联系，同时也拉开与直接现实的距离。然而，在我看来，“文革”的发生既非由于传统文化的延续，也非由于传统文化的中断，而是一种新文化的结果，因而寻根文学最终也只能是一种新的传奇。在韩少功的《爸爸爸》中，仇恨和无知的氛围有洪荒般的野蛮，渗透于历史的全部。有评论家称，小说揭示了中国文化中缺少“理性的自觉”[2]。然而，离开了历史生活的真切描述，挖掘传统文化的非理性，果真能解释中国近百年来受制于西方历史理性的过程吗？阿城的《棋王》则试图表明，真正的传统文化一直存在于世俗社会，古今没有任何政治力量能够摧毁它：一个古老民族在大地上繁衍不息的秘密。叙述者最终通过世俗的复归大彻大悟，达到一种“道”的境界。但在日常生活的残酷表面之下，去发现平静与和谐，一种当下的永恒，却又让人不免疑惑，我们到底曾活过一个什么年代？

此外，莫言、张炜的小说也都写到过去年代的政治斗争，历史被寓言化了，大量残酷和恐怖的情景，衬着奇异的民俗风情，被作者一路写下来，铺展得淋漓刺激。这些故事大都把乡村作为背景，为的是重新发现民间。生活不再是一连串由历史规律决定的事件，而是呈现出的欲望、本真、原始、荒诞和宿命。批评家黄子平曾指出，“文革”前的革命历史小说，已经颇有点传统英雄演义的味道，一个个梁山泊似的强盗，被阶级斗争的话语所收编，一步步失去了阳刚之气。革命乌托邦的破灭，使得作家们痛感中国人“种的退化”。在他们的小说中，强盗们又一次反出江湖，通过暴力与性，在原乡神话中颠覆着官方叙事。家族的恩怨情仇，高粱地的旖旎风光，四处觅尸的野狗，还有疯傻人的神奇预言，都是为了表现历史的不可理喻。但这种颠覆终究是同质的颠覆，一旦作家们摆脱了政治的影响，随即又陷入更浪漫的乡愁，用民族的神话来取代阶级的神话。黄子平曾谈到样板戏对土匪话语的处理，说它“承续了文化传统中对越轨的江湖世界的想像与满足”[3]，这话也可以移评于此。这样的民间从来就不存在，因此新的拯救也只能是作家的想像。对读者来说，阅读乡村的趣味是在它的抒情背景，江湖儿女的故事更有返真归璞的神奇，要从其中发现历史和现实的底蕴，真正深刻的人性，未免把作者的向壁虚构太当回事了。

从上个世纪五六十年代回到三四十年代，甚而回到遥远的古代，这种文化寻根的结果，便是重新发现了世俗。如果说阿城关注的还是世俗精神，那么贾平凹、冯骥才则是对物化的世俗文化有着特殊偏好。《三寸金莲》兴致盎然地描写女人的小脚故事，明显带有一种自然主义的态度，后来作者自承对此“越揣摩越觉得其深奥”[4]，寻根至此，已经近乎旧式文人的狎邪。就寻根小说而言，问题还在于对文化的展示，如果小说的冲突只是外在的、文化的，而不是内在的、人性的，那它就谈不上深刻，也谈不上生存的真相。小说归根结底是表现人类的，在文学中宣扬文化，从来都是第三世界的话语，无论其描写如何生动，它也终究是一种民族国家寓言，不能提升我们自己的生存认识。上世纪九十年代初，余华《活着》在肯定的意义上，一语道出了此种文化的实质，“人是为活着本身而活着的，而不是为活着之外的任何事物所活着”。中国文化中一直存在着一种对苦难的消解功能，那就是活在当下的人生态度。这确是一种快乐的哲学，但这种哲学也从来没有上升为人的水平。经历了这番浪漫的寻根，作家们到底还是回到了现实的合理化。

同时期被称为“现代派小说”的作家们，指责文化寻根是“玩物丧志”。刘索拉的《你别无选择》、徐星的《无主题变奏》，借鉴西方作家笔下的反叛形象，写当代青年的骚动不安，行为张扬，不承认有任何值得为之奋斗的人生目标。以刘索拉而论，她的人物大多是未来的艺术家，总是来往于一个个高级的处所，生活太痛快了，所以就产生了痛苦，要不时露出瞧不起物欲的脾气。但我们还是不明白，这种个人反叛是从哪里钻出来的：在一个没有约束的地方，而要去反抗某种约束。即使在自由的环境，生命与现实的冲突，依然会使真正的艺术家感到痛苦。因此，她小说中人物的反叛，其实是撒娇。作家们获得了更多的表达的权利，那些情节和人物的恣睢，却让人感到自由也是一种特权。

三

随着西方现代小说的大量译介，作家们开始从中借鉴新的叙事模式，如果仅就那个时期的作品而言，大抵都有迹可寻。马原、残雪、格非、余华和苏童等人的“先锋小说”，以一种新的方法写作，他们的题材依旧是暴力、疯癫与性，只是刻意表现孤独的自我，或者是无我，表现个人与社会的疏离，文本与现实的疏离，代表了一种现代派风格。对他们来说，重要的不再是写什么，而是怎么写。小说成为语言和文本的实验，最终是要解构“人”的存在。如在格非的《风琴》中有一个这样的情节，男人看到妻子被日本人挑去衣裤，露出裸体，竟使他感到压抑不住的兴奋。这种随心所欲的写作，故意模糊语词含义的意图，正是索尔仁尼琴所说的“对新奇的无休止的迷恋”，也是大多数先锋派作家的共同追求：摧毁长期以来被人们普遍接受的艺术规范，在一张白纸上实现自我的突围。

五四新文学曾从西方转向俄罗斯，当代文学又从俄罗斯重新转向西方。然而，先锋小说只是对西方文学的模仿，作家们试图跨越真实的界限，不是为了更深刻地捕捉真实世界，而是为了愈益远离它，无论是欢乐还是痛苦，都缺少真正的感受。另外一些作家，如汪曾祺、贾平凹和阿城，则倾向于从传统中吸取语汇（他们的写作，被认为是重新发现了沈从文的意义。但在我看来，沈从文最好的作品并不是他那些凄婉的乡村牧歌，而是《丈夫》，如一个老作家所言，那里面有着“伟大的俄罗斯的悲哀”[5]）。传统语言的节奏和韵律，经过前人千百年的经典写作，已经成为一种“有意味的形式”，它最适合的书写内容便是闲情逸致，所以他们的作品往往有一种陈腐的文人气，精致的散文式的画面，缺少更大的现代精神内容。对于这种“玩文学”（包括玩语言），最尖锐的声音还是来自批评界，在上世纪八十年代后期一次讨论会上，一位批评家就曾直言中国作家缺乏对“苦难的敏感”。

在某种意义上，上世纪八十年代末大量文学读者的离去，实际上是一种无言的拒绝：这样的小说里已不再有他们想要寻找的东西。

作家们再次遭遇前所未有的尴尬。他们的作品，严肃的读者觉得不真实，通俗的读者又嫌不浪漫。等到九十年代市场经济出现，大众文化迅速成为主流。人们更加不关心作家们在写些什么，他们可以收看电视上的各种娱乐节目,跟朋友去听流行音乐,跳迪斯科或贴面舞。小说仍有人在看,但已不再有真正的读者。市场上长销不衰的是琼瑶的言情和金庸的武侠,一切时代男人和女人的传奇故事,都可以在那里面找到,极大地满足人们对生活的虚幻感。这时期大陆通俗文学的代表是王朔,他的故事都是写一些不太正经的普通人,终日干些无伤大雅的坏事。简单的人物,缺乏逻辑的戏剧性场面。他成功在不怕故作伤感和随心所欲的驾驭人物和情节,更在把历来神圣的东西轻轻地调侃一下,满足了大众既想越轨又想平安无事的心理。有人指责王朔的痞性,那是误解,其实他的人物都是很纯情的,无论爱情或友谊都有平民的高尚,作品中找不到任何真实的社会背景和冲突,因而是一种通俗现实主义和浪漫主义的结合。这样的作品,可以在社会矛盾尖锐的时刻,提供一点宣泄的渠道,又不触犯体制,反能起到社会稳定的作用。上世纪九十年代初,王朔参与制作的《渴望》,将“文革”演绎成一幕悲欢离合、嫌贫爱富的通俗剧,在中央电视台连播,极大地缓解了社会的紧张,便是新时代里话语策略的一次成功转换。

文学与市场的结合,使现实的人分裂成两半。对于身处优越的作家们,写痛苦不真实,写幸福又不文学,作家们失去了现实感,却以为至少还能把握历史。王朔的成功,促使许多作家转向大众,与通俗文学暗通款曲。上世纪三四十年代再次成为热门题材,王安忆的《长恨歌》写一个女人错过一生中好几次爱,永远在不幸中踽踽而行,是那种非常精致的浮华疲惫。苏童的《妻妾成群》则是一个旧时大家庭的故事,冲突在争风吃醋的妻妾们之间展开。这些故事都发生在作家们出生之前很久,写的是陈旧的主题和情节。几十年的文学,兜了一个圈子,又从革命浪漫主义回归世俗浪漫主义，这令人想到上世纪四十年代的传奇作家张爱玲，甚至想到张恨水、林语堂。仿佛是似曾相识的故事又被重新演绎一次，仿佛中国几十年来什么都没有发生。通俗文学的实质在于没有自我意识，不从人物身上体验人生，因而形不成作家的个人世界。傅雷曾批评张爱玲的作品“既没有真正的欢畅，也没有刻骨的悲哀”，但张爱玲毕竟还有某种人生苍凉的况味，这些作家又有什么呢？在现代社会，这样的故事是要有点新的质地的，然而没有，因此它们看上去就像摆在现代超市里的一套折旧家具。

张爱玲后来漂流海外，作品也转向写实，已超越她一贯的饮食男女生活感悟，弥漫着一种生之悲悯。在《海上花》译后记中，张爱玲谈到“伤痕文学”，曾说了这么一句：“仿佛我们没有过去，至少过去没有小说。”她认为，当代中国文学中断了好的写实传统。其实何止是“伤痕文学”，新时期以来的小说全都是如此。多年来浪漫主义的观念已被纳入一种政治文化的价值体系，渗透到作家们最深层的意识之中，一旦这体系的外部脱落，露出来的便是这么一个传奇的架子。

四

上世纪九十年代中发生的人文精神争论，起因便是大众文化的冲击。作家当中，王蒙是支持大众文化的代表，在他看来，左的政治文化仍是最大威胁，而反理想、反英雄的世俗化恰是对左的否定。张承志、张炜则是支持人文精神的代表，在他们眼里，大众文化就是商业化和鄙俗化，不具任何终极关怀的意义。一方要逃避崇高，一方要反对媚俗。然而，这场争论虽然针锋相对，却又都言不及义。对于什么是文学，争论双方都不可能给出一个真正的答案。因为他们各执的两端，正是加缪所说的宣传品与奢侈品——文学逼仄之路两边的深渊。九十年代以后文学界相安无事，真正的原因便在于此。相较而言，倒是不反对大众文化的作家写出了较近真实的作品。作为罗素的信徒，王小波在他的杂文里强调了思想自由。小说《黄金时代》讲述上世纪七十年代初一对男女知青的性爱，以一种苏格拉底式的故作无知，向那个禁欲年代挑战。只是拿身体的浪漫来反抗情感的浪漫，得付出代价，作品的荒谬感缺少更深刻的内涵，便是代价之一。

更加年轻一代的作家是不会关注这场争论的。他们大都出生在上世纪六十年代后，对“文革”的集体记忆比较淡漠，文坛上无休止的主义之争，更是让他们不屑一顾。从某种意义上说，他们是自我中心的一代，受过良好的教育，常在作品中表现个人的记忆和存在，要从自为的物化的都市生活中发掘出原乡诗意。这一点，从他们的作品题目中也可以看出来，如朱文的《我爱美元》、何顿的《生活无罪》、张旻的《自己的故事》、林白的《一个人的战争》、陈染的《私人生活》等。在写作上他们已从宏大叙事转向私人叙事，从民族国家话语转向个人话语。主人公往往是作者自我的体现者，世界因他们的感觉而存在。比如，同是女性作者，王安忆在反男权中心文化的同时，还不忘记把它上升为反西方霸权文化的政治高度，而林白、陈染的作品则代表了一种纯粹女性主义写作，通过身体政治性的阐释（比如对女人手淫、同性恋的直言不讳），向男权意识发起挑战。但作家们将“私人自我”从“公共自我”中分离出来，用以对抗集体主义意识，使得九十年代以来日益尖锐的社会与思想矛盾在其作品中全都付之阙如，却又吊诡地失去了我们称之为“现实感”的东西。他们的作品难以使我们产生恒久的感动，因为对生命的世界而言，无论现代人将群体还是个体视作一切价值的基础，都同样是不可信的。

而对于现有的文学秩序，年轻作家们确乎已急于表现出“断裂”的姿态，在他们看来，鲁迅的创作太过于社会化，也太过于现实化，已经成为阻碍今天创作自由的“石头”。还有的作家则是从另一个方面指责鲁迅，比如冯骥才近年就曾用时髦的西方后殖民主义话语，指责鲁迅的国民性批判是拾传教士的牙慧，为西方文化侵略张目。时移世异，中国的传奇作家们终于可以向启蒙复仇了。

启蒙运动的开创者曾提倡人的文学，反对非人的文学。如今，全民的审美品位再一次降到人的水准以下。人们不再迷信思想，而是迷信身体。在这种情况下，欲望成为小说的唯一道德。继女性主义作家以后，一批更加大胆的“美女作家”登场，卫慧、棉棉等人的作品，突破情欲与道德的临界状态，将身体与政治的关系转变为身体与物欲的关系。她们的芳照被贴在封面上，她们的写作被称为是“用下半身写作”，以招摇过市的情色风靡一时。这些作品大都属于半自传体小说，没完没了地写手淫、同性恋和吸毒，而不追求任何社会文化意义或艺术目的。就文学而言，性题材本身并非就一定是坏小说，决定作品的好坏其实还在作者对性的态度，与世界文学史上那些优秀的作品不同，这些作品表现的不再是欲望的虚无，而是欲望的充实。然而，道德仍然不是这些作品的真正问题，这些作品的真正问题在于美学虚幻，编造出一个人欲横流且又自我实现的现实世界，没有任何人生的阻碍。她们的出现，使得文坛再次被划分为“严肃作家”和商业作家。“严肃作家”们指责美女作家堕落淫荡，无可救药，但却显得言不由衷。他们当然并不真的以为在今天,文学对社会的道德影响仍然巨大,也不是因为美女作家完全没有艺术目的,或没有将性描写上升为一种政治文化(比如女权主义)。他们恼怒,是因为他们从中看到了自己,就像张爱玲说的:“有美的身体,以身体悦人;有美的思想,以思想悦人,其实也没有多大分别。”说到底,这种“下半身写作”难道不是从来就没依托过一个真实价值的当代传奇的逻辑发展?

“严肃作家”们早已高扬起欲望的旗帜,像发现真理一样宣称“欲望比性格更能代表一个人的存在价值”(余华语)。在先锋派、新生代和女性主义小说中,肉体作为一种虚幻的颠覆力量,被不厌其烦地使用。即使那些偏重民族叙事的作家,也把肉欲视作过去时代的核心经验。因此,就身体写作而言,“严肃作家”与美女作家并没有多大区别,只不过前者叙述的是别人的性欲,后者叙述的是自己的性欲。在陈忠实《白鹿原》、阿来《尘埃落定》等描述前现代社会的浪漫故事中,欲望成为历史的解读物,或者被历史所解读。这与其说是出于生活的逻辑,不如说是出于市场的逻辑。既然中国作家们以前就未曾找到过反抗精神教条的力量,那么今天他们的价值缺失就是很自然的事。而且因为他们采用的是民族叙事,所以更加缺少个人的体验。构成冲突的人物的阶级性减弱了,取而代之的是人性和民族性。以前万恶的、卖国的豪绅土司变得有情有义,至少在民族大义上,他们是无愧于心的爱国者。真正的敌人依然存在(尽管这往往被作为背景),但已经不再以阶级来划线,而是以民族来划线。这种历史阐释的视点,与过去阶级斗争年代和新时期初期的小说一样,仍然是主流话语的操作和体现。然而,只要稍微观察一下我们周围就会发现,在民族主义话语高扬的同时,当代人的自我危机都在变得更加深重。

经历了几年的沉寂，先锋派作家纷纷转型，相继推出他们的新作。莫言的《檀香刑》依旧沉溺于久远年代里残酷的诗意，书中对酷刑的展示多出于想像。看多了他的作品，就觉得处处露出伪民俗的痕迹。但我认为，要写出人性的恶，是不需要任何虚构的。陀思妥耶夫斯基的作品已经表明，在这一点上，精神的展示要比器物的展示更加真切。格非的《人面桃花》在精致纤巧的叙事中向传统回归，作品的弊病在内容贫乏做作，处处袭用旧式小说的语句，还让土匪与人质在雅舍里吟诗作对。评论界对此一致叫好，好像读者不知道文学史上有过鸳鸯蝴蝶派作品，这只能说明当代文学界已经完全丧失了现实感和审美品位。余华的《兄弟》再次写到"文革"，夸张鄙俗的性欲构成了全篇的主干情节，欲望导致"文革"中的家庭灾难，又导致患难兄弟在新时期反目，最终造成人亡欲尽的悲剧。作者想对"文革"和新时期做出马尔卡斯式的百年阐释：一个自为的世俗社会突然遭遇到历史。在作者的心里，依然保留着对"活着"本身的品赏，小说中反复言及李光头偷窥女人下体的情节，便是为了阐释这一点。然而，毫无顾忌地展现欲望并不表明作者获得了内心的自由。由于精神被限制在肉体之内，作品缺乏更高的人生观照，成为一个白纸上的悲剧。艺术的法则从来都是，从永恒的角度去领会现实，而不是相反。如果让欲望主宰我们的心灵，我们看到的将永远不过是欲望的幻象。

中国当代小说一直存在着两个突出的特征：政治和传奇，二者其实都深深植根于源远流长的古代文学传统。虽然我们在实际生活中从来都不是那么天真，但对于文学却持有一种非常浪漫主义的看法，唯有在小说中我们可以逃避现实，抚慰人生。对于中国作家来说，其实问题还在于，传统和现代文化缺乏一种深厚的人道主义精神，它造成了中国人为活着而活着的心理。不是活在真实之中，而是活在当下，并以此去想像这个世界。这种文化心理上的结构性缺陷，使得大多数中国作家不能超越自身，发现和描写生活的真相，甚至在处理苦难的题材时，他们也往往会将它写成一个奇特的故事。然而，正如我们所看到的，一部当代中国小说史，缺少的从来都不是传奇，而是生命的写实。

注释：

〔1〕Leung, Laifong, Morning Sun: Interviews with Chinese Writers of the Lost Generation(Armonk, New York, London: England: M. E. Sharpe, 1994)一书中对陈建功的采访。

〔2〕陈思和：《中国当代文学史》第十六章第二节，复旦大学出版社1999年版。

〔3〕黄子平：《革命·历史·小说》第四章，牛津大学出版社1996年版。

〔4〕《不忘历史，冯骥才图文书〈三寸金莲〉》，载《京华时报》2004年3月4日。

〔5〕黄永玉：《太阳下的风景·沈从文与我》，三联书店1998年版。

（**景凯旋** 文，原载《书屋》2006年第11期）

第四章

牢记昨日　以史为镜

革命成功之后

——有关点点《点点记忆》的点滴

点点即罗点点，原总参谋长、军委秘书长罗瑞卿大将的小女儿，曾经写了若干有关罗瑞卿的回忆文字，发表于《当代》1998年第四、五期的《点点记忆》则是其中最有价值的一篇，因为它不仅仅是为父辈歌功颂德或叫屈鸣冤。

一

夏日的北戴河，是新王侯们的乐园，“直到今天，我眼前仍会出现这样的情景：一列开向大海的火车，风把头发吹到我的眼睛、鼻子和嘴巴里”。但大海也不全是美丽：

还有一个瘦小黧黑的姑娘给我留下深刻的记忆，她姓陈，她的叔叔是一位解放军的高级将领。她总是到我们浴场来是因为她当时正和在我们浴场里出入的某男(姑且叫他杨大哥)谈恋爱。我之所以对她印象深刻,似乎因为她眼睛里有一种特殊的神情,那是一种非同寻常的胆怯、自卑和哀怨……多年以后,我终于听到了这个凄婉的故事。原来,陈姑娘的叔叔是个劣迹累累的无耻之徒,侄女在他家不仅受够了寄人篱下的苦处,竟然还被他很早夺去了贞操。杨大哥知道真象后,经过痛苦的思想斗争,最终没有和陈姑娘建立家庭,但他却一直受到良心的谴责。后来不清楚陈姑娘的下落了,只知道那个可恶的老男人并没有受到应有的惩罚,继续做荒淫无耻的事,更可恨的是继续高官稳做。

点点不知道的事,万能的"组织"却不会不知道,但恶棍仍然"高官稳做",依据的只能是品格事小、政治事大的逻辑。在夺权时期,当需要这位将军冲锋杀敌的时候,这个本来就没有多少人性的人也许会骁勇异常。就因为有了战功,这个无耻之徒可以一边乱伦一边高官厚禄。一些官员并不具备普通公民应有的品格,因为导致他们发迹的革命需要挣脱规范、冲杀无忌的人,革命成功了当然要回报他们,他们可以在功劳簿上为非作歹。问题是,一个连自己的侄女都要占有的人,怎么会为革命工作、为人民服务呢?而在他们死后,遗体上仍要覆盖一面红旗!

二

罗瑞卿的下台始于1965年12月8日的政治局扩大会议。在此之前,毛、林联盟已经形成,罗下台已是必然。点点这样解释这次会议:

六十年代中期的中国共产党，虽然已经被不断升级的阶级斗争弄成了一个阶级斗争的大火药桶，但它毕竟是一个掌握着国家政权、代表国家政体的严肃大党。虽然这个党在某种程度上变成了毛泽东的一言堂，但民主集中制的原则作为组织原则毕竟还是写在它的章程里。所以毛泽东还是不得不召开一九六五年十二月八日的上海会议，使党的其他主要领导人相信罗瑞卿反党反林彪反对突出政治这回事。

但这个会议谈不到有什么民主：一、事先知道会议内容的，只有毛、林、周三人，连刘少奇都不知道；二、被整的罗一到上海就被软禁，根本没有权利参加会议，更谈不上解释和申辩；三、以政治局名义召开的会议，实际上却是由连中央委员都不是的叶群唱主角，她在会上作了三次共约十个小时的主题发言；四、尽管刘少奇、邓小平等人都不以叶群的发言为真，却丝毫不妨碍会议通过毛、林事先定下的结论。

党史上有各种各样的"扩大"会议。"扩大"使组织者可以根据自己的需要确定与会者，以便把自己的意志贯彻到会议中去。有"扩大"就有"缩小"，"缩小"就是不通知本应到会的人，"文革"期间一些红卫兵领袖可以参加中央全会，党代会选出来的正式中委却无权与会。这就强化了毛的"一言堂"，他可以根据需要自由决定让谁参加会议，收"一致通过"之效果。

"开会"还有一个功能是逮捕人，罗瑞卿是一例，此前罗本人也奉命在开会期间逮捕过上海市副市长潘汉年；此后还有周恩来逮捕黄永胜等人，华国锋逮捕王洪文等人，都是用开会的名义。后人也许难以设想当时一些高级领导人接到开会时的复杂心态：接不到通知固是失宠；出席了会议也许永远就与会议无缘。

三

罗瑞卿曾是政治局常委会的列席者，但有一阵不让他列席了。原因是毛岸青夫妇的生活一直是由罗照应，"四清"运动时，邵华为了锻炼而到农村搞"四清"，罗知道岸青要人照顾，就劝她不要去，但邵华执意要去，罗考虑再三将她安排在离北京很近的地方，一旦有事可以马上回来。毛不知究里，以为是罗主动的安排，很不高兴，罗也就被取消列席常委会的资格了。

过了一段时间，在毛泽东身边工作多年的吴君旭护士长对毛泽东说，邵华去"四清"是她自己提出来的，根本不是罗总长要求她去的。这才解开了毛泽东的疙瘩。爸爸又能去列席常委会了。

政治局常委会是全国最高决策会议，在全国乃至全世界都被认为是最神圣、也最神秘的会议，但决定罗列席不列席的，竟然只是毛个人的好恶。更奇怪的是，当时一位知道内情的老同志来给罗打招呼：罗总长啊，知不知道常委会为什么没要你来啊？这老同志肯定是知道的，其他常委想来也会知道，但没有谁觉得不正常。而改变毛的印象的，不是什么组织原则、工作要求，也不是权威人士的说情或罗本人的解释，而是毛的护士。毛的近侍影响力之大，此是一例。

四

建国后政治整肃不断，开国元勋和高层领导不断被打入囚牢，最具讽刺意义的是整人者自己也被整，所以罗瑞卿和彭德怀被关在同一监狱，周扬与胡风一度处境相同，这使人们几乎谅解了罗、周当年的过火行动，但这两种人的命运其实并不一样：

爸爸在一九七四年年初回到家里，我们一家团聚了。彭老总则在这一年十一月因肠癌不治，逝世在三〇一医院十四病室的那间与爸爸同一个走廊的病房里。

在党内生活尚有一点规范时，毛整谁不整谁还有个影子、有点根据，比如彭德怀在“大跃进”问题上确实想骂人，人民永远感谢彭德怀是真实的，但毛个人永远不能饶恕彭也是真实的；但罗瑞卿从未反毛，毛对此也很清楚，只是当时的政治格局需要打倒罗。对毛来说，彭、罗是不同的，彭是永世不得翻身的对手，罗则是他和林彪结盟的代价，一旦事过境迁就可以放他一马。

“文革”期间天下大乱，几乎所有的高官都被打倒，包括许多毛的亲信。但即使在混乱的环境中，对“走资派”采取什么样的处罚方式，开几次批斗会，是留在北京还是赶到外省，到外省是在京广线上还是在偏僻之地等等这类问题，毛都是有严格区别和掌握的，最典型的是刘少奇和邓小平。毛氏辩证法有一条原则，叫作区分不同性质的矛盾。

党史上被打倒的人很多，但其处境和结局很不相同。大体上说，“文革”前打倒的，在毛泽东时代基本上是万劫不复的；而在“文革”中被炮轰的人，到七十年代中期，已有不少人官复原职。

比如贺龙，1959年后贺曾是彭德怀专案组的组长，彭德怀的事情尚未了结，他自己也被捉了进去。1975年毛亲自下令为贺平反，彭德怀却只能病死在监。这也是周扬和胡风的区别。

五

郭沫若文名远播，但在上层并不受到尊重。1960年他的《蔡文姬》上演，当场一位将军半开玩笑地大声说："曹操如果像郭老写得这样好，我就介绍他入党。"点点说：

我不记得郭沫若先生当时是否在场，但这种玩笑中包含的轻佻和不以为然，以及周围人对这种玩笑心领神会的响应，却留在我的印象里。对我的判断力起着潜移默化的影响。说来难以置信，我们这些小孩子也会势利地在这种玩笑中辨别出一个人在党内的地位是否重要。

开玩笑还是小事。郭的二儿子郭世英，因在中国人民大学组织哲学小组讨论问题，经人告密后被批准拘捕，"文革"中被打死；三儿子郭民英，因在中央音乐学院用家里的录音机欣赏西方音乐，同样有人告密，毛下令"类似这样的事应该抓一抓"。民英在1967年自杀。告密者自是小人，但与郭有多年私交的周、毛，何以都没有看在郭的面子上有所通融？1949年以前大概不会这样做吧？

六

罗瑞卿自杀后，旨在批判他的"三月会议"停开了。

但是参加会议的人余兴未尽，余怒未消，他们说爸爸是自绝于党自绝于人民，他们用最难听的话说爸爸，说："罗长子跳了冰棍……"也有人不说难听话，他们诗意大发……

历史已经雄辩地证明，参加三月会议的许多人不愧是伟大的无产阶级革命家、政治家。他们的行为对中国革命以后的进程，尤其是粉碎"四人帮"的行动，都起到无可替代的伟大作用。但是，当年三月会议后，被我体察到的这种愉悦，不是从迫害别人中得到，会是从何而来？不是纵欲后的满足，又是什么？

党内斗争的残酷性，非身临其境者不能领略。其源盖在"伟大领袖"，但毛之所以能为所欲为、肆无忌惮，是因为一些其他领导人也习惯于这种残酷的斗争方式。在一切都取决于毛个人的意愿的氛围中，很多问题并非原则之分、主义之争。整倒一个人就会为其他人留下位置，身边不断有人倒下去，反可以显示自己的正确，可以借此向领袖表忠心。

七

成功的革命夺取了控制一切的权利，胜利者拥有了乐园，他们压倒一切的使命就是保护革命的成果。作为一个集体，党内任何派别、任何个人对任何"反党行为"都严惩不贷，只有党拥有这个乐园，党内个人才可能分等级拥有自己的小乐园。毛对此十分清楚。"九一三"事件后，点点去找时任中联部部长的耿飚，回来的路上：

我心里像打翻了五味瓶。我回想起刚才见到的所有事情：内部电影，出入有专车，哨兵向汽车行礼，室内洁净温暖，空气清香，灯光柔和，甚至踩着脚下厚厚的地毯的感觉还留在我的十趾之间。这一切我们原来都熟悉，身处其中的时候我们没有特殊注意过，现在，这些久违的东西怎么使我如此不平静？我的心里一下子升上来非常强烈的世态炎凉之感。权力和地位在我的心里有了非常实际的意义。

权力就是乐园。身居党、政、军十五个要职时，罗住着既大又美丽的房子和院子，家里一大堆秘书、参谋、警卫员、管理员、司机、保育员、厨师等服务人员，"院子里还有齐刷刷五个漂亮年轻女人"。罗失去权力后，人去楼空，"妈妈开始自己做饭，剩下来的工作人员日益与我们为敌"。要是罗部长在位，这些人纵有一百个胆也不敢。在罗被捕后，整个家就没了。这就是权力的意义。

权力来自何处？理论上讲来自人民，但不但人民、就是高级将领，也没有决定罗为总参谋长的权力。刘亚楼告诉罗：林彪说"现在几个大将，论身体，论能力，我不用罗瑞卿，用谁呢？"罗的权力来自林彪，更来自毛泽东。毛可以让位极人臣的刘少奇、林彪死无葬身之地，也可以让写文章的秀才一步登天。

八

罗自杀前给妻子的遗书是：

会议的事没告诉你，为了要守纪律。

永别了，要叫孩子永远听党的话，听毛主席的话！

我们的党永远是光荣的、正确的、伟大的，你要继续改造自己！永远革命！

1977年恢复工作后的罗瑞卿：

在百务缠身的情况下，还担任了毛泽东纪念堂管理委员会主任。无论在这个以革命为主题的世纪里发生了什么事情，爸爸对毛泽东的信任和爱戴从未动摇过，他始终是这个伟大天才革命家的忠实追随者。

但罗清醒了一些，1978年，他支持《解放军报》参与实践是检验真理的惟一标准的讨论——他不认为毛泽东可以逃避历史的检验。

这种情结可以见之于一大批老革命家。朱德长期受毛的冷遇，失意时种一点兰花都不被允许，但点点看望康克清时了解到：

原来这年的八月，苏联发生了“八·一九”事件，随后，这个世界上第一个社会主义国家城头易帜，共产党失去政权，国家解体。康妈妈面对突然的事变十分痛心，每天要花大量时间读书看报，劳累过度，才发病住院。

确实，如果社会主义都要被否定，这些从死人堆中爬起、在残酷清洗中幸存下来的革命家的一生还有什么意义？

点点这样说：

但是我还是感到一种虚无，因为我最怕认认真真地做一件事情，那原因却只是一个错误，或者叫做误会。

罗瑞卿是认认真真做事的，对毛更是忠诚，但却被一脚踢开。他本人可以不计较，但在标榜绝对的理想主义和革命原则的党内，却闹出“文革”这样的悲喜剧，这种理想与原则的可信性就大可怀疑了。由于长期以来的教育从来不允许对党有半个不字，对革命之外的任何东西都坚决否定，那么结局是两种，一种恶梦醒来，认定一切都是虚伪，世上本无所谓理想与原则，从而导向犬儒主义、享乐主义，这在一些“老同志”及其子女的身上已经表现出来；再一种是继续执著、认真地坚持原来的价值信念。谁能说哪种更好些？

九

点点把罗瑞卿的被整与犹太人相比。犹太人为什么受迫害，她认为这和犹太民族拥有太完美的理想和太彻底的责任感有关。犹太人的命运是否与其理想品格有关姑置不论，但罗的遭遇可能并非因完美的人格。在抓胡风、整彭德怀时，罗扮演的是协从的角色；在毛面前，罗既无独立人格，也谈不上犯颜直谏。以至当他和彭德怀关在一起时，还感到委屈：“不应该把我和彭德怀关在一起，他还是作过几件反对毛主席的事情的，我拿什么来和他比？”确实，罗不能和彭相比。从彭德怀下台的1959年到1966年，党内的生活已极不正常了，而罗恰恰是在此时飞黄腾达的。如果承认这段时期党犯过错误，少不了有罗的一部分。

但点点的这一比较还是有意义的，这就是她说的：

当有人自认为有最完美的道德和献身精神的时候，他就得罪了整个人类，就激发了深藏在人类天性中这种邪恶的迫害欲，就在理论上沦为受迫害的犹太人。

萨特的名言是搞政治一定会把手弄脏。罗也许并不高尚，但比其不少同侪还是好一点，所以党内有人说他是“木秀于林，风必摧之”。

十

点点没有就事论事，她有许多反省和总结，比如：

无产阶级的职业家们为了实现自己的理想，不惜付出自己与他人的双重代价。他们对待整个世界的坚硬决心，在一切人身上留下累累伤痕，包括在儿女们的身上。这种为信仰牺牲一切的悲壮故事会被现代人理解和原谅吗？当然问题并不在于任何人的理解和原谅，而在于理想化的人生给世界和他人带来的到底是什么？古往今来多少大奸大恶假至诚至爱之名，猖獗盖世大行其道。这是所有真诚善良者，包括真诚善良革命者的不幸和悲哀吧！

在基本肯定革命理想与政党原则的前提下，这是对现代悲剧所作的最好的自我批评。但有几点不宜混为一谈。首先，付出的代价是不是都是为了实现自己的理想？其次，既已认准大奸大恶假至诚至爱之名在祸害人类，这里的问题就不是至诚至爱的理想本身，而在于这些奸恶。党内之所以无休无止的整肃，就在于缺乏基本的“诚爱”。如果说点点不爱她的姥爷和姥姥是因为有阶级之分的话，那么在这些“无产阶级革命家们”中间，除了“爱”伟大领袖，他们之间又有过什么样的诚和爱呢？

十一

“文革”把多年来左的路线发展到极端，空前的灾难使得人们由此上溯向毛和他的一些思想质疑。但各人的契机不同。点点记得1970年冬天，他到刘少奇儿女家去，在一特别的气氛中，刘园园点了几支蜡烛，举起酒杯说：“今天是爸爸的生日，让我们祝爸爸平安。”

自从三年前，“文革”开始的那个早春，我在落日前作出那个寒冷的决定：与爸爸及一切走资本主义道路的当权派划界限以来，我从没有想过走出这条思路。尽管身边发生的“文革”事件已经越来越血腥，越来越滑稽，完全像一个恐怖笑话。但是我除了让自己尽量去理解它们之外，没有作过任何别的尝试。园园的话使我如梦方醒，或者简直是汗毛倒竖！我第一次想从完全不同的角度去理解所有的事情。

点点是在乐园中长大的，她没有经历过诸如延安整风之类的洗礼，遭逢一个革命至上的时代，她的乐园是革命制度带给她的，她理所当然地听从毛的号召，与爸爸划清界限。只是乐园已失之后，刘园园的话才使她想起乐园其实是她爸爸的权力。

但罗瑞卿的觉悟是以另一种方式完成的。

一直到坐了班房，在他还在想这一切是毛主席和林彪对他产生这么深的误会的时候，九大的消息传到了这个临时监狱。所有的犯人因此而被允许看报纸。爸爸说：“我看到叶群的名字写在中央政治局的名单里，我就想，这些人恐怕要完蛋。"说来奇怪，爸爸的恍然大悟没有因为他的裂骨折筋而发生，没有因为他被装箩筐，受到惨无人道的批斗而发生，没有因为妻离子散而发生。而当他看到庄严的党章上，党的政治局名单上出现林彪、叶群的名字的时候，他却想到这些人要完蛋了。

罗确实是久经考验的老革命，他可接受加诸在任何一个人身上、包括他自己身上的暴力，只要是以党和革命的名义。既然革命永远神圣，毛永远正确，那么再大的暴力，甚至让一个高级官员瞬间受尽凌辱直至死亡，他都认为是合理的。对他来说，极左路线、个人崇拜等等都可以不是问题，党内民主、党员权利、生命价值等等都可以被献上革命的祭坛。无论发生多大的悲剧，包括他个人的毁灭，都无损革命的合理与伟大。唤醒他觉悟的，只能是另外一种东西，这就是悲剧演变成喜剧，他愿意以生命献祭的革命成为滑稽戏。所以当他发现他曾极度鄙视的叶群也进了他一直认为神圣的党的最高机构时，他才获得从不同角度审视"文革"的可能性。

十二

点点很动情地引用了伏契克的一句话："人们啊，我爱你们，但你们要警惕啊！"要警惕什么呢？点点认为：

今天我懂得了，几个战争狂人或者某种专制制度都不是世界上的最大危险。最大的危险是隐藏在人性深处的一种状态。这种状态就是：失去尊严，回归兽性！

问题在于，人为什么会失去尊严、回归兽性？点点转述她妈妈的回忆，批罗时的一条罪状是“擅自大比武”：

瑞卿当然知道不是“擅自”，是写了报告的。但是写了那么多报告，这个报告是在哪一天写的？记不清了，让秘书给查，秘书拒绝。想找一个文件都不可能了，所以完全处于一种说你是什么，你就是什么的状况。而且非要你自己承认。

在这种情况下不要说人的尊严，连人的权利、党员的权利都被剥夺了。确实，几个战争狂人、某种专制制度都不是最大的危险，但像罗所遭遇的这种“说你是什么，你就是什么”的制度肯定是最危险的。它的特点是，除了毛一个人以外，任何人都可能被它碾得粉碎。当刘少奇、罗瑞卿支持毛整彭德怀时，他们已经为自己安排了结局。

(13)点点记忆的每一节，都以弥尔顿《失乐园》中的一句话做引子。点点的乐园，不仅指她刚生下来时的暖厢，也是指罗部长在南池子的大院子，更是指革命政权赋予她的种种特权和优越。罗倒台后，乐园失去了。曹雪芹以《红楼梦》来表现失乐园后的沧桑感怀。从“失落的家族”到“苍茫时分”，点点也体会到深沉的人生况味，沉郁清怆。

“文革”中失去的乐园有许多在“文革”后又得到重建，通过子女“接班”，乐园可望风景常在。点点的不幸在于罗瑞卿的复出“仅仅一年”，作为罗的亲属，她当然还会有许多照顾和好处，但只能算是罗的余荫，显赫的罗家毕竟不会家道复初了。

点点在北京协和医院学会了对生命价值的认同，这使她习惯于“乐园”后的普通生活。但她还操心着一个更大的问题：“我们既往习惯的正确立场的根基发生了根本的动摇，二十世纪发生的所有事情让许多话题已无法讨论。”但点点的态度是明确的，她以康克清对苏联巨变的焦心作结，这里并无讽刺的意义：

在她面前，我们这一辈人显得多么懦弱渺小！对这样一位为中国革命贡献了一切的革命老妈妈，我有权利说：我不再是一个坚定的革命后代。或者我平生只作过一名庸俗的医生吗？我们这些不肖子孙，让我们奋斗了一生的前辈，在垂暮之年如此惊悸不安，黯然神伤。我们难道不该羞愧吗？

这一代人也许是渺小，然而，堪称高大的上一代人给人民带来了什么？点点亲历其过程的五、六十年代培养的革命“接班人”在“文革”中做了些什么？这些问题当然不是这里可以从容讨论的，但点点以如此丰富的经验得出这样的套话，至少从写文章的角度看，确实是虎头蛇尾。

“窗外夜色正苍茫”。失去乐园的点点引用了《失乐园》的一句话来表达她的无奈和隐忍：

手携手，慢移流浪的脚步，告别伊甸，踏上他们孤寂的道路。

（**单世联** 文，原载《书屋》1999年第3期）

历史和现实的交战

人是一种健忘的动物，所以需要把记忆凝固下来，提醒自己曾经发生过的悲剧和喜剧、伟大和渺小、善与恶、美与丑，于是化记忆为历史，正因为如此，人类才能在过去五千年内有所前进。然而，人毕竟健忘，且不同人的记忆又彼此矛盾，所以古往今来的历史总有正史和野史的分别。同一时期的记忆竟能大相径庭，于是，先是有人在记忆中背叛了历史，接着就是更多人在这样的历史中背叛了记忆。再接着是集体的失忆和集体的背叛。对这样轮番上演的悲剧，东西方有两个人物说得最简洁。西方的黑格尔，说法具有西方抽象思辨特色：“迄今为止我们从历史中学到的惟一东西就是我们尚未从历史中学到任何东西。”东方的杜牧，说法具有东方的经验特色：“秦人不暇自哀，而后人哀之。后人哀之而不鉴之，亦使后人而复哀后人也。”

（一）

我和许多青年谈起“文革”，听者发天方夜谭之叹，说者有白头宫女话玄宗之感。比如，翻开修订后的《辞海》、《辞源》、《现代汉语大辞典》竟查不到“文革”中无人不知、无人不读、无人不听、无人不学、无人不批的“大字报”一词。可见，遗忘历史，背叛记忆，并不难。

但，某些国人眼下正在积极实施一个宏大的计划——将这场大悲剧乔装打扮为一场伟大的进步运动。起先还有点羞羞答答，渐渐开始理直气壮、肆无忌惮起来。要人证，他们异口同声，要物证，他们众口铄金。已经出台的言论无外乎这么几种：或者弹只有“文革”才能防止资本主义复辟的老调，或者奏“文革”是反对官僚主义的大民主实验的新曲，或者发“文革”促成中国完成伟大工业革命的妙论，又或者称这是一次实践伟大理想的浪漫主义试验。

更多论者则采取直接类比法，比较常见的有：现在官场是何等腐败，“文革”时期官员极其清廉；现在社会秩序不好，“文革”时则社会秩序井然夜不闭户；现在人们心灵空虚、拜金主义盛行，“文革”时期大家思想充实、革命激情高昂；现在贫富悬殊，“文革”时期则共同发展；现在娼妓性病艾滋病泛滥，“文革”时社会纯洁丑恶现象一扫而空；现在就业形势严峻，“文革”时期就业充分各安其位等等。

我在某网站讨论时，碰见一位高人沈老师，为坚决捍卫“文革”积极分子。某日，论及 1959—1961 年三年大饥荒时，这位沈老师可谓展现了

"高超"的辩论技巧,例如:"要眼见为实,谁看见大量非正常死亡了?我是过来人,我怎么没看见,他也没看见,大家都没看见,所以这件事未曾发生过。"——好一个眼见为实,耳听为虚!

我本来以为这些言论不值一驳,然而,谬种日益流传,谎言重复千遍,还真就要成了真理,因此不得不拿起扫帚清扫灰尘,正如"伟大导师"所言:扫帚不到,灰尘不会自己跑掉。

(二)

很多人,特别是一些"愤青",一些自认为爱国的热血青年们,他们褒扬"文革"、甚至主张回到"文革"时代,主要是基于对当下社会弊病的不满和批判。

毋庸讳言,现在严重社会失衡和不公已经发展到了一个相当严峻的程度——比如经济腐败的肆无忌惮、恬不知耻的教育产业化、公共医疗的崩溃、权力和资本的结合对公共资源的掠夺、性病艾滋病的广泛传播等等,这些现象确实不能不让人产生深深的担忧。是的,现实的问题很严峻,网上网下大大小小真真假假的左派们和右派们,尽管开出的药方各不相同,但对当前社会问题之严重起码都有相当的共识。但回到"文革"能解决问题么?恐怕不能,只会是聋子治成哑巴。解决现实问题去"文革"仓库里只能获取教训,不可能找到药方。

现在官僚腐败现象范围之广、腐败官员人数之众级别之高、腐败金额数字之大、腐败情节之荒唐恶劣的确触目惊心,比如玩弄一百零八名妇女的张二江,比如"想到广西还有六百万人没有脱贫就寝食难安"的成克杰,比如给安徽阜阳带来十几亿外债的王怀中,比如福建厦门远华和沈阳慕马案中的整套整套班子的腐烂。但"文革"期间是否是官僚廉洁,个个都是焦裕禄式的好干部?恐怕非也。就腐败而言,"文革"期间同样广泛存在,只是和现在的表现形式不同而已,现在多表现为牟取经济利益,那时多体现为谋求政治安全。说"文革"期间没有腐败者缺乏对"文革"常识的起码了解。江青动用外汇购买高级相机,看外国电影[1],邱会作用玻璃钢制作地板,下边金鱼"游来游去",都是冰山一角而已。王洪文在1973年当选为党中央副主席后,比他资格老的张春桥十分郁闷,他指使徐景贤给中央写信,揭发王洪文种种腐化变质行为,除了打猎钓鱼吃法国大餐外,还有一个重要指控就是:"洪文同志在家里还使用一个黑色的进口精密仪器,从远处操纵电视机(其实就是今天的电视遥控器)。"足以见证"文革"时期绝非是腐败的真空。

腐败说到底是对公共权力的私用,不管是今天用来贪污,还是过去用来打击"阶级敌人",其实质均是公共权力的异化。导致权力异化的根源是对权力无法进行监督和制约,因此要从根本上铲除腐败,靠树立几个清官,靠杀几个贪官,靠"文革"式的群众运动,都不能解决问题。用制度来减少腐败才是正道,比如扩大舆论监督权,比如确保司法公正,等等。

不少论者称:现在农业、农村、农民"三农"问题是制约中国实现现代化、制约改革开放深入发展的瓶颈问题。其实"三农"问题的根源是城乡二元体制的恶果,是为了实现城市工业化对农业和农民进行超经济强制、实行高积累的恶果。其源头始于二十世纪五十年代合作化到人民公社体制的建立。有人称,现在农民十分怀念"文革"期间的幸福时光——

其实是对农民真实想法的阉割。农民是对现实不满，但这并不等于他们同意回到“文革”时代。“文革”时期，理论上看，农民具有很高的政治地位，毛泽东也屡屡称“广大知识分子，青年学生，到农村中去接受贫下中农再教育是很有必要的”。但实际是因为城市无法满足大量人口就业，而把城市包袱甩给本已一穷二白的农村而已，让农民牺牲再牺牲。农民被户籍制度限制在农村，被人民公社制度剥夺自由劳动的权利，造成农业长期的停滞。可以说，“三农”问题形成于二十世纪五十年代，巩固于六七十年代，缓解于八十年代，激化于九十年代。“三农”问题乍一看，似乎是人口和资源问题，深入看是体制问题。建国以来，贯彻的经济建设思路就是以农养工——据说三十年通过工农业产品价格的剪刀差，农民被剥夺的财富在八千亿到一万亿元人民币左右，而改革开放之初全国所有城市和工业的总值才一万一千亿元人民币。[2]问题的实质是在这个人口最多的国家里，占人口绝大多数的农民被赋予不平等交易的地位（当下这种不平等交易扩充到更广的社会阶层）。他们过去为城市第一轮工业化高积累做奉献，现在又以农民工的形式为城市的第二轮发展做奉献，但却没有充分享受经济发展成果，享受公共福利的资格。从历史发展来看，“文革”时期的农民完全失去了自主生产权利，二十世纪八十年代他们通过自发斗争和创造否定了人民公社制度，获得了一定的经营权，同时也获得了发展集体非农产业的权利，乡镇企业获得发展。九十年代随着城市经济的快速提升和对外开放的加快，一亿多农民流动到城市，部分获得了流动权和迁徙权。这些发展，对于农民来说自然是重大的进步，也正是对“文革”人民公社体制否定的结果。当前，“三农”问题日益严重，问题的症结在于九十年代以来，特别是加入 WTO 后，随着农业市场日益对外开放，一家一户的小农生产面临国际粮食生产的挤压而陷于困境，农村基层政权的无限制膨胀使农民负担日益攀升。当前农村是面临着市场瓶颈、资源瓶颈、人口瓶颈、体制瓶颈等诸多难题，这也是中国发展最难以解决的超级难题。要解决此问题，回到“文革”时代只能是死路一条，可供解决的思路只能是逐渐取消城乡二元分割体制，给予农民平等的市场交易权利和政治权利，政府给农村提供公共医疗、教育等福利，给农业提供持续经济补贴。现在中央的一系列政策正在朝此方向迈进，已经有了初步开端。

再说失业下岗问题。“文革”期间似乎人人有工作岗位，处处充分就业，可是那一千六百万知青还何必去农村呢？失业下岗问题，总的来说是人口总量膨胀、劳动力几乎无限量可供给带来的，这一点和 1957 年错误批判马寅初《新人口论》有直接关系，人多力量大、人多好办事的错误思想盛行一时。六七十年代在人口处于六亿至七亿的爆炸瓶颈时，没有采取有效的干预政策，直接导致后来严重的人口问题。人口问题成为牵制经济发展、资源保护、政治体制、文化教育等其他问题的全局性瓶颈，使任何问题的解决都不能不涉及这一瓶颈。此外，由于经济结构转型、产业升级换代、生产自动化程度提高等客观因素，更加速了失业问题的严重性。应该批判的不是失业下岗这一客观现象，而是在操作这一过程中权力和资本借“减员增效，末位淘汰”等手段对弱者合法权利的剥夺，政府应该建立面对全社会成员的劳动和社会保障机制，而不是逢年过节上演“慰问秀”。

再如所谓的人心败坏，道德崩溃。不可否认，当前社会面临价值和信仰危机，似乎只有钱使人怦然心动，只有利让人趋之若鹜。国人很大程度已经形成了“贪民心态”、“刁民心态”，整个人群面临集体越轨的危险，社会生态有内向恶爆炸的可能。这似乎很让人回忆“文革”时期人人大公无私，个个高风亮节的美好时光。但是否存在这样的美好时光？恐怕要打一个问号。众所周知，“文革”期间表面上要“狠斗私字一闪念，灵魂深处闹革命”，但实际上所有人为了自保，时刻处于揭发别人和防止被别人揭发的心灵恐惧中，人人自危，家家恐怖。过去是不得不伪善，现在不少人则是赤裸裸地作恶。不要说现在人缺乏良心，良心早已经在“文革”中遭到重创，恢复起来甚为艰难。过去的伪善和现在的作恶只不过是一个民族的不同脸谱而已。然而，不由想到孩子们，眼见着他们后来居上，青出于蓝，不由让人暗自心惊。人心败坏，非仅民耻，乃国耻也。民何罪，求生而已。上帝已死，如苍生何！？

综上所述，现在的许多现象，追根溯源，不完全是改革开放的产物，有些甚至与“文革”遗产有直接的牵连，比如“三农”问题。所以，要想真正批判现实，改造现实，不但要从现实入手，更要进一步从历史入手，两者之间相辅相成，缺一不可。当然，彻底否定“文革”这场政治运动并不是彻底否定“文革”这一历史时期，比如，“文革”时期农村廉价医疗是好的，农村廉价教育也好。汲取过去的合理因素，再提高质量，对遏制当下教育和医疗的畸形发展也不无裨益。但不能为了这两点，非得要重温全部旧梦吧。正如总不能因为羡慕盲人鼻子好使，所以把自己眼睛也给废了吧。

（三）

“文革”是群众运动反对官僚主义的大民主实验吗？

乍一看，"文革"时期确实将群众运动发扬到登峰造极的程度，对官僚体系的冲击也确实是毛泽东发动群众运动的题内之义，大鸣、大放、大字报、大批判(这四大权利一度写入宪法，后来二十世纪八十年代修宪予以废除)、游行示威、集会结社、直至文攻武卫种种所谓的"大民主"手段无所不用其极。群众运动天然具有合理和正义性，反官僚主义今天仍然具有普遍的世界性魅力，"大民主"的做法被用来凸现工农群众的主人翁地位，更为许多人怀念。然而拨开这些表面的迷雾，分析它们深层次的内在联系和逻辑，不难发现，"文革"号称群众运动，其实是运动群众；反官僚主义非但没有削弱政治专制反而更加强化之；"大民主"不但没有确立人民的公民地位，反而导致政府公权更加肆意扩张，公民私权更加弱化。这一切是不容置疑的事实。问题的关键在于，这一切，群众运动、反官僚系统，不但不是什么民主，相反，是对民主的最大嘲弄。

毛泽东善于发动群众，发动人类历史上空前的群众运动，是共产党也是毛泽东能够成功的最重要原因之一。民主革命时期，毛泽东主要靠土地政策对农民的吸引争得了政治上的主动权。建国后从批胡风开始，到 1957 年反右派、1958 年"大跃进"、1964 年"四清"运动，毛泽东运用自如的最有效武器还是发动群众。今天很多论者把"文革"区分为毛的"文革"和人民的"文革"，指出人民群众在"文革"中其实是作为符号和工具被利用了，但却相对忽视了人民群众也有主动迎合、参与的动力。整个运动中自上而下者有运筹帷幄，也有因势利导；自下而上者有投其所好，也另有所图。但前者始终处于主导地位是无疑的，毛泽东能驾驭数亿群众得心应手，主要得力于以下三点：其一是近乎神迹的巨大功绩、浪漫主义诗人的传奇魅力自然使他成为全体国人的膜拜对象。在皇权主义根深蒂固，圣人出、河水清的传统思想仍有丰厚土壤情况下，人民忘记《国际歌》，高唱《东方红》，痛斥封建帝王，却又异口同声高呼“毛主席万岁”的逻辑并不奇怪。毛泽东自己多次说过个人崇拜分两种，正确的和错误的，正确的就要崇拜。其二，广大人民群众，特别是青年学生对僵硬体制的反叛渴望。这部分人青春的躁动、理想主义的热情、反抗一切束缚的心理渴望一旦和毛泽东“打破一切，踢开党委闹革命”的诗人浪漫相结合，自然上演了空前的群众运动。其三，少不了康生、江青、姚文元一干打手的见风使舵，推波助澜。

脱离了具体个人价值的群众是盲众。“文革”中群众运动释放的能量是巨大的，但却是历史的破坏力量，而不是建设力量。群众并不具有天然的正义性和合理性，正如多数并不一定正确一样毋庸讳言。群众运动很容易沦为集体无意识，成为贯彻个人意志的工具。“文革”中的群众运动，特别是早期的群众运动，不是善的喷涌，而是恶的爆发，根本不是马克思所说那种“人民在自己的运动中创造历史”。今天有人借群众积极参加了“文革”来为“文革”寻找合理依据和正义性，实在是偷梁换柱。群众是一个高度集合高度抽象的概念，毛泽东对此了然于胸，他永远和群众站在一起，就永远具有天然的正义性。面对领袖，你也许可以质疑，但面对群众化身的领袖，你能表示怀疑？但群众是谁？谁见过群众？脱离了一个个活生生的具体个人，脱离了现实生活中的你、我、他，群众便成了一个随时可以抽空、随时可以利用的政治符号。很多具体的人几乎都曾经在内心深处质疑过“文革”，也不乏个别的小型群众组织提出过和“文革”不同的声音，可是，这些质疑和声音淹没在群众的汪洋大海中，显得那么的不“群众”，显得那么的不和谐。一句话，真正的群众是由一个个有独立价值、独立头脑的人组成,脱离了这一点,一群人集合成的“众”,哪怕他们是十亿人,也仅是个人意志的祭品而已。真正的群众运动应该是建立在个人独立意识觉醒的基础上,应该有一个由自发内在思考到自觉的政治诉求的逻辑过程。上个世纪一百年间,无数次人山人海的“群众”聚集在天安门,显示出他们巨大的力量,但能真正称为推动历史的群众运动者,可谓少之又少,一次是1919年的“五四”运动,一次是1976年的“四五”运动,两次而已。独这两次,无导师号召,无组织发动,无事先彩排,群众自发也。

毛泽东理想中的统治模式是他绕过庞大的官僚系统,直接领导广大群众进行伟大的社会主义试验。他极为憎恶享有特权的官僚体系,因此发动群众起来摧毁这个把自己和群众隔离开来的僵硬制度,创造出一个“人民国家人民管”的理想社会。有论者认为这是“文革”最丰厚的历史遗产。

官僚主义是一种历史性、世界性的普遍现象,防止官僚集团成为一个凌驾于人民之上、与民争利的特权和利益集团,这无疑是很多人怀念“文革”的重要出发点。表面上看来,人类历史还从来没有过一个政权的最高领袖发动人民起来反对自己一手缔造的官僚系统的先例,这确实是一场巨大的试验。建国以来沿袭苏联党政体制,事无巨细,无所不管,乃至包括老百姓的迁徙、居住、死亡等。从中央到地方,从企业到事业,都有庞大重叠的各种组织。这个官僚体系形成的根源正在于政府要对社会发展的各个环节进行严密的控制。没有一个庞大的官僚体系,无法实现这种体制的正常运转,因此随着控制领域的不断扩展,必将导致公共权力和公共机构随之不断扩张,结果控制成本不断上涨,最终导致公共机构自身的膨胀和特权化。“文革”中各级党委陷于瘫痪,人们获得了对各级官僚无限自由的监督权,甚至可以直接推倒重来,然而带来的代价是社会运转的全面瘫痪,在传统政治体制下不可能解决既要保证社会体系正常运作,又要防止官僚系统特权化的两难困境。毛泽东屡次出面制止“文革”冲击军队、冲击高级党委,包括屡次让邓小平恢复工作,其内在矛盾正源于此。

要防止官僚系统集团化、特权化即异化,必须充分依赖人民的自由同意,按照法制来产生、更换、制约和监督公共权力。政府运作思路要从当运动员退后到只当裁判员,要从对社会的全面控制转变为有限控制,要有所为,有所不为。靠轰轰烈烈、没有法制制约的群众运动来防止官僚体系腐败,其思路是缘木求鱼,其结果是聋子治成哑巴。毛泽东本人天纵英才,知识渊博,但一生最大的缺陷就是没有亲身考察体验西方国家政治制度的合理因素,因此他反官僚主义的思想武器是巴黎公社式的大民主,是无政府主义思想的一次实践。这一试验无疑不可能解决官僚系统特权化的痼疾。因此,在传统社会体制下,要实现对社会的全面控制,又要绕过实现控制的基本媒介——官僚体系,这是一个无法解决的课题。

群众运动脱离了个体的真正自觉意识,大民主就与真正的民主背道而驰。判断“文革”中的“大民主”是不是真正的民主,要对民主有起码的了解。民主不仅是一种政治运作规范的工具理性,更是一种应该追求的价值理性。它不仅仅是保证全体公民权利(不管是少数还是多数)的一套游戏规则,更是人们追求的一种生活方式、价值理念;它不仅仅是手段,更应该是目的。民主是为了保证全体公民最大限度自由的实现,它的实现形式必须靠法制来落实，所以衡量民主的一个基本标准在于公共权力的运作是靠人治还是靠法治。民主制度下人民的权利是天然拥有并得到法律保护的，而不是什么圣人和领袖恩赐的。民主并不消灭异端，而是容纳异端。民主当然反对少数人靠资本或者权力对多数人的压榨剥削，但也反对多数人借口“公意”对少数人的暴政——因为多数人的暴政说穿了还是少数人的暴政，综观人类历史，从来也未曾出现过多数人的暴政，只有少数人甚至是一个人的暴政，历来所有专制者都把自己装扮成人民利益多数利益的守护者，如希特勒、萨达姆、斯大林等无不如此。

反观“文革”“大民主”的实验，与民主精神的实质相去何止道里计！表面上看人民似乎拥有空前的自由，比如鸣放，比如批判，比如监督各级官僚，比如串联。但仔细分析一下却并非如此。

从来源看，这些“民主自由”无一例外都是“文革”领导小组和毛泽东赋予的，号召则有，禁止则无。是我替你做主，而不是由你自己做主；是外在权力的允许，而不是内在自发自觉的享有。

从享有这些恩赐的“民主自由”的主体看来，只有根正苗红、出身好的“红五类”才享有这些所谓的民主权利，而近百万被打倒的知识分子、上千万的“地、富、反、右、坏”及其家属不要说拥有这些权力了，连依据法律为自己申诉和辩护的权利也被完全剥夺。而真正的民主无疑是针对社会全体成员的。

从这些“民主权利”运作的范围看，是十分狭隘的，根本不能逾越阶级斗争的范围，除了拥有持续“造反革命”的自由外，正常安排自己工作、学习、生活、思想、言论的权利被剥夺殆尽。这根本不是让人民自己决定自己命运的民主权利,而是由上面安排,只能奉行不能僭越的一套行为桎梏。

从这些民主的实施途径看,民主权利体现为必须在法律约束的范围内活动。"文革"时期的所谓"大民主"则是对社会主义法制的极大破坏和践踏,法纪废弛,整个社会秩序失控。国家主席刘少奇手拿宪法为自己辩护,却遭到红卫兵语录本雨点般的敲打。因此,失去法律规范的"民主"只能是残酷的暴力专政。

有人说,"文革"时期人民群众获得了空前的言论自由,其实完全是对言论自由的误解。以所谓大批判为主要形式的言论自由并不是真正的言论自由,而仅仅是宣传"文化大革命"的自由,实际是言论的专制。言论自由的实质是保护人民自由发表真实意见的权利,包括发表错误言论的权利——只要这些言论未侵犯他人和社会的利益。我坚决不同意你的观点,但誓死捍卫你发言的权利——伏尔泰这句名言迄今为止仍然是言论自由的最完美诠释。但,反观"文革"时期的言论自由,其实只是机械背诵社论和领袖语录的自由,哪里能表达自己的真实想法!一个民族连说真话的权利也没有了,连自由思考的权利也被剥夺了——今天竟然还有人说这是言论自由的伟大实践!再比如,宣传时要特别注意用词造句,一个用词不准不当、一次喊错口号、一次举错手就可能使一个革命积极分子迅速沦为破坏"文化大革命"、恶毒攻击伟大领袖的现行反革命——因为喊错口号、举错手等而锒铛入狱的例子举不胜举,可参看冯骥才《一百个人的十年》一书。这和受法律保护的真正言论自由可谓背道而驰。

通信秘密是民主社会的基本私权,早在 1954 年《中华人民共和国宪法》中就规定："公民的通信自由和通信秘密受法律保护。"[3]但"文革"期间因为私人通信被好友、恋人甚至丈夫揭发而惨死的也绝不仅仅是李九莲等几人。实际上自胡风私人信件作为他反党集团的证据以来，宪法规定的私人通信秘密不受侵犯的条款早已经荡然无存。一个连私人通信秘密都不能维护的特殊历史时期，一个私人空间被极度挤压的荒诞十年，距离真正的民主自由是何等遥远！

总之，"文革"期间这些鸣放、批判、监督根本不是什么公民享有的自由权利的实现形式，而是消灭"阶级敌人"，改造全民思想的手段而已。

(四)

毛泽东确实曾经十分醉心于实现中国的工业化，为此曾经多次走到前台，亲自指挥工业化建设。但经历过"大跃进"的失败之后，毛本人也不得不承认自己搞经济"某些地方违背了规律"。七千人大会上，毛泽东说："地方有责任，中央也有责任，直接的责任归我，间接的责任我也有份。"[4]

先看几个数字（以下数字均来自《中华人民共和国国史》，该书经济数据出自《中国统计年鉴》）："文革"十年平均每年经济增长率为百分之七点一，低于1952年到1966年的百分之十[5]。即使是百分之七点一的增长速度在当时世界上也是少有的。但使我十分困惑的是有以下几点：其一，《国史》后边又称1966年工农业总产值是两千五百三十四亿元，1976年增加到四千五百三十六亿元[6]。不知道写书的人有没有学过函数：如果增长率是对的，连续十年平均增长率为百分之七点一，那1976年经济总值应该是五千零三十一亿元，而不是四千五百三十六亿；如果总值是对的，那经济增长率应该是百分之五点九，而不是百分之七点一。是不是按可比价格计算的？要是按照可比价格计算，1976 年的数字应该比五千零三十一亿还高得多才对，这是因为纸币的购买力逐渐有所下降才符合经济发展的一般规律。其实，过来人都清楚，“文革”期间通货紧缩才是事实，在此只能怀疑数字的可靠性。其二，该书以下又有其他数据：十年中职工平均工资反而下降了百分之四点九！[7]经济连续十年平均增长了百分之七点一（职工收入反而下降）这是世界任何国家经济发展都未出现的情况！出现这样的奇迹，主要是因为超强度的高积累和低消费维持工业的高投资。《国史》中谈到这一点时，举出 1971 年积累率为百分之三十四点一[8]，其强度之高，恐怕在人类历史上也是仅见的。如此高积累，自然难怪工农群众几十年不涨工资了。对于新中国成立后，特别是“文革”期间经济增长数字，一向有不同的看法。笔者曾经看到，有人称 1950 年到 1980 年中国经济增长率在世界上仅略低于日本、原西德等国。对此说法，笔者并非专业人士，只以外行的身份说这样一个事实：二十世纪五十年代初中国经济总量和日本经济总量相当，到 2003 年中国经济总量也仅是日本的三分之一强，而且最近十年日本经济几乎处于停滞中，而同期中国经济则持续增长。因此，不难对所谓的经济高增长打个问号。

官方公布这十年经济损失合计人民币五千亿元（薄一波说是损失八千亿），而 1949 年到 1979 年三十年的基建总投资才六千亿人民币[9]。这是什么概念？三十年中前二十年的积累几乎在“文革”中折腾殆尽！如果说还有什么家底，也是十年中以世界最高的积累率换来的，是以人民长期的巨大牺牲换来的——而且还是低效率的方式。

再看一个数字。1958年毛泽东为一千零七十万吨钢而发动九千万人上山砍树,大搞小高炉,结果浪费二十三亿人民币炼了六百万吨海绵钢。到1976年全国炼钢量也不过两千六百万吨。而现在全国炼钢量据说已经达到两亿五千万吨以上,到底伟大的工业革命是在什么时候取得突破性进展的,不难有一个认识。当然,所谓伟大工业革命不能只看钢铁石油,还要看看各家各户有些什么工业革命的产品。读者不妨回家看看:看看自己家哪样电器是"文革"期间生产的。

"文革"初期,全国大串连,全国交通陷于瘫痪,厂矿企业长期陷于派性斗争,生产陷于停产半停产状态,国民经济完全处于无政府状态——1968年甚至连国民经济计划也没制定,经济混乱程度可见一斑。[10]

经济增长和"文革"之间完全不是正相关,而是负相关——稍了解"文革"期间经济情况就知道,1973年、1975年经济发展较好,为什么?就因为这两年"文革"搞得不太火爆,凡是搞得火爆的年份经济一律负增长,例如1967年、1974年。看经济增长不单要看本身的增长,更重要的是要看本来应该实现、本来可以实现但却由于"文革"未能实现的增长!历史不容假设,但谈论历史还是不妨假设。假设没有"文革",那经济增长率又该会是多少呢?"文革"十年,错过了世界经济发展的黄金时代,拉大了我国经济建设和世界的差距——这已经是历史定论!对此中共中央在1981年6月27日通过的《关于建国以来党的若干历史问题的决议》中明确指出:"'文革'期间我国国民经济虽然遭到巨大损失,仍然取得了进展……这一切决不是'文化大革命'的成果,如果没有'文化大革命',我们的事业会取得大得多的成就。"而今天,竟有论者称是"文革"促成了伟大的"工业革命",对历史的健忘足以令人拍案称奇。

即使“文革”期间经济确实增长了多少倍，这也不能成为肯定“文革”的理由——这是明显的偷换概念，这完全是两码事。例如斯大林大清洗期间苏联的工业增长是世界最快的，那为什么俄国人民还要彻底否定那个历史时期呢？希特勒统治德国的1933—1938年，德国的经济增长率是世界最快的，德国人民的生活水平显著改善，但德国人怎么不说希特勒领导德国完成了伟大的工业革命？

总之，“文革”促成伟大工业革命说，显然站不住脚，事实的真相是：“文革”妨碍了伟大工业革命。温和的说法是：“文革”期间经济仍有增长，但这些增长本来可以更高、更快、更好，然而由于“文革”的阻挠，影响了经济建设的成效。

（五）

这场轰轰烈烈的“文化大革命”，以空前的深度和广度摧残了文化，蹂躏了道德，践踏了信仰，留下的是经济的烂摊子、道德的真空、法律的荒野。

“文革”以追求理想社会的美好目标开始，以导致中国历史的大悲剧告终。历史嘲弄了自以为是的人们。痛定思痛，“文革”的悲剧绝不能重演，社会的进步固然是人人所欲，但不管为了追求多么正义、宏大、高尚的目标，还是要固守一些起码的底线，讲价值正义，更要讲程序正义。否则，突破底线，不讲程序，只会是背离正义和目标本身。

革命是手段还是目的？革命只是手段，不是目的，把手段当成目的，为革命而革命便会走向革命的反面。法国大革命的第三个阶段，即雅各宾派专政时期,以前多被我们高度评价为大革命高潮,但就是这个高潮,也走入了为革命而革命的误区。罗伯斯庇尔颁布的《惩治嫌疑犯条例》背离了革命的本意,该条例中划定反革命嫌疑分子的一项标准是:“不能持续表现出对革命的热情。”[11]该款可谓开了政治表态的先河,不积极拥护革命,不主动投身革命,就有反革命的嫌疑!这种逻辑在“文革”期间更是登峰造极——你敢声称自己对革命是旁观者么?要么是投身所谓革命大洪流,要么是被洪流所淹没——革命面前,没有旁观的权利,没有沉默的自由!所以,去世不久的思想家柏林区别了消极自由和积极自由,革命固然是积极自由,但积极自由不能侵犯消极自由,我可以有做什么的积极自由——例如或者革命或者反革命的自由,但我更有不做什么的消极自由——例如不革命或不反革命的自由。消极自由是保护自身权利不被侵犯的根本所在。反革命是罪,不革命也是罪!革命已经完全走到了反面。革命的目的是人的解放,不是抽象意义的人民解放,而是每一个具体个人政治权利、经济权利、思想自由等权利的解放,如果打着革命的旗号肆意剥夺具体个人的上述权利(包括不革命的权利),那就和革命的实质背道而驰。衡量真革命和假革命的界限应该是个人权利是否得到了改善——不仅是口头上的,更要看实际上的。所以,“文革”是否是革命就不难判断了。革命在道义上是高尚的,但要是革命要你出卖正义呢?革命要你出卖感情呢?革命要你出卖良心呢?“文革”期间,出卖正义、感情、良心的何止万千!革命由实现进步的手段变为践踏善良的重锤。“革命”面前,亲情被疏远,子女和父母划清界限者何其多也!刘少奇女儿刘涛书写《看刘少奇的丑恶灵魂》的大字报给父亲惨痛一击,如此人伦悲剧何止一例!“革命”面前,爱情被出卖,李九莲写的情书也成为情人揭发立功的筹码!

"革命"面前,友情被利用,在胡风冤案中,知识分子们纷纷落井下石,最终一起落井。雨果晚年所写的《九三年》就以尖锐的声音发出了质疑:当革命和人道主义对峙时怎么办? 雨果让良心战胜了革命。

人是目的还是手段?人只能是目的,不是手段。中国社会没有经过真正启蒙运动的洗礼,所以也缺乏个人主体意识的觉醒。有些耳熟能详的主流话语,乍一听理直气壮,深究一下却十分荒诞。比如"文革"时期"宁要社会主义的草,不要资本主义的苗",看起来义正词严,实际却本末倒置。在这里,形式大于内容,外在标签高于内在本质。比如,个人利益无条件服从集体利益,个人的事再大也是小事,集体的事再小也是大事。这种说法笼统看来,似乎十分高尚美好,但实际是简单粗暴的形而上学。集体并不天然高于个人,个人对集体的牺牲与其说是无条件,毋宁说是有条件的——条件就是集体必须是保障个人成员的合法利益,而不是打着集体利益的口号掠夺个人成员的利益。应该合理划分集体和个人利益的范畴,该是个人的合法利益就要保护,该是集体的利益就依法维护。人们组成集体不是为了无条件牺牲个人的价值、尊严和自由,恰恰相反,是为了最大限度地维护个人的价值、尊严和自由。个人价值不可化约,人不是历史发展的手段,而是历史发展的目的。那种凭借所谓公共意志、集体利益、全局发展等字眼,无原则、无条件、无代价要个人牺牲一切,包括情感、生命、灵魂、良心的做法,值得警惕。

国家执掌的公共权力是公民通过社会契约赋予的。在洛克的社会契约论里,公民通过契约赋予国家的权力仅仅是公共权力,即洛克所认为的行政权和外交权,后来孟德斯鸠将其发展为"三权分立"的学说。公民的私权,包括财产、自由、反抗压迫的权利神圣不可侵犯。洛克明确划分了公共权力和私有权利等范畴，指出，公共权力正是为了保护私有权利而存在，私有权利在逻辑上优于公共权力，在法律上两者处于平等的交易地位[12]。人们与其是无条件拥护国家，不如说是警惕和限制国家，时刻防止公共权力对私人权利的侵犯。“文革”时期公共权力肆意侵入私人思想领域，正是因为长期以来我国公权和私权的范围没有得到合理划分，主流宣传片面强调国家利益至上，忽视依法保护私人权利的结果。在很多情况下，某些地方表面宣称是为国家利益着想，暗地里是为部门利益、小集团利益甚至是个别特权人物的私人利益而算计。公共权力肆意侵犯公民私人权利，造成“文革”时期无数小人物的人生悲剧。

革命、国家、发展、强大等宏大主题能够无条件凌驾于一切个人权利之上，很多情况下都是打着人民意志、公共意志的旗号。然而公共意志是谁的意志？所谓长远利益又如何具体体现呢？公共意志其实是一个很抽象的词汇，始作俑者是卢梭。著名学者王元化在谈到卢梭的公共意志时是这样说的：“我们都能够明白，公意是被宣布为更充分更全面地代表全体社会成员的根本利益与要求的。它被解释为每个社会成员本身更准确无误地体现了他们应有却并未认识到的权利，公意需要化身，需要权威，需要造就出一个在政治道德上完满无缺的奇里斯玛式的人物。不幸的事实是，这种比人民更懂得人民自己需求的公意，只是一个假象，一场虚幻。其实质只不过是悍然剥夺了个体性与特殊性的抽象普遍性。以公意这一堂皇名义出现的国家机器，可以肆意扩大自己的职权范围，对每个社会成员进行无孔不入的干预。一旦泯灭了个体性，抽象了有血有肉的社会，每个社会成员就得为它付出自己的全部自由作为代价。民间社会没有了独立的空间，一切生命活力也就被窒息了。”[13]我们可以对照 1957

年到1977年的历史,可以发现王元化这段话是惊人的深刻。当这一代人都为这个宏大价值牺牲了自身价值后,作为公共意志抽象代言的国家却面临着经济崩溃、道德沦丧的乱象,距离那个许诺的美好未来越来越远。今天看来,那时所谓的公共意志已在相当程度上沦为个人专制的工具。

自由思想、自由言论是否属于犯罪?病从口入是大自然的基本规律,祸从口出是人类社会的普遍现象。人类五千年文明史,因为说真话而招致惨祸者也是一个天文数字。殷纣之比干,汉武之司马,烧死于鲜花广场之布鲁诺,流亡于祖国之外的伏尔泰,皆以言获罪者。较为开明者如赵宋王朝,太祖立“言者无罪,不杀文人”遗训,但也并未完全做到,如苏轼“乌台诗案”者。以言定罪,以文字构陷,于清为盛,所谓“康乾盛世”恰恰是思想自由的末世。“文革”发明了以思想定阶级定反革命的做法,十年期间,以言论获罪者不计其数。言论自由,包括错误的言论都不是犯罪,消灭了所谓错误言论,“正确”言论又从何而来呢?自以为是消灭了谬误,其实是毁灭了真理。没有思想自由,没有言论自由,其他一切自由都将是空谈。“文革”的悲剧,说到底在思想认识上就是要贯彻真理一元论,要舆论一律,不允许所谓异端的存在。从这个意义上看,“文革”的悲剧和中世纪宗教裁判所有一脉相承的关系。马克思曾经针对普鲁士的新闻检查制度说:“你们并不要求玫瑰花和紫罗兰散发同样的芬芳,但你们为什么却要求世界上最丰富的东西——只能有一种存在形式呢?”[14]多元价值、思想宽容才能最大程度地保持思想自由、言论自由,从而才能最大程度地接近真理,才能最大程度地保持进步。

只有法律才有定罪的权力。1215年英国贵族们为了限制国王对领主权利的无原则侵犯,通过武力迫使国王同意遵守《大宪章》,形成了后来宪政政治的源头。其中一款是:“未经合法裁决和法律审判,不得将任何自由人(当时不包括农奴,后来逐渐扩展至社会全体成员)逮捕囚禁,不得剥夺其财产,不得宣布其不受法律保护,不得处死,不得施加任何折磨,也不得令我等对其群起攻之,肆行讨伐。”[15]以法律治国、以法律约束政治权力的宪政传统由此发轫。“文革”期间,法纪荡然无存,未经法律审判就让人长期失去人身自由,甚至以专案组形式的专政工具绕过法律肆意剥夺公民财产权、人身权和生命权。1954 年新中国通过第一部宪法,刘少奇在作关于宪法报告时说:“制订宪法是我国社会主义伟大胜利……但这并不是说,宪法公布以后,宪法所规定的任何条文就都会自然而然地实现起来,不是的,在宪法颁布以后,违反宪法规定的现象并不会自动消灭,但是宪法给了我们一个有力的武器,使我们能够有效地为消灭这些现象而斗争。”[16]当刘少奇后来被非法剥夺宪法所规定的言论、人身自由时,他果然拿出了宪法为自己辩护,结果却被红宝书敲打得鼻青脸肿,宪法条文怎能抵挡大字报和红语录的威力!

十年“文革”堪称噩梦,而某些人却以为“红肿之处艳若桃花”,真是可悲之至。

注释:

〔1〕叶永烈:《江青传》,时代文艺出版社 1993 年版,第 233 页。

〔2〕1952~1990 年间,我国农业通过“剪刀差”方式为工业化提供了高达八千七百零八亿元的资金积累,平均每年二百二十三亿元。参见冯海发等:《我国农业为工业化提供资金积累的数量研究》,《经济研究》1993 年第 9 期。

〔3〕〔4〕〔5〕〔6〕〔7〕〔8〕〔9〕〔10〕靳德行等著:《中华人民共和国国史》,河南大学出版社

1989 年版,第 120、256、461、463、462、462、461、450 页。

〔11〕吕一民:《法国史》,上海社会科学出版社 2002 年版,第 125 页。

〔12〕(美)约翰·麦克里兰:《西方政治思想史》,彭淮栋译,海南出版社 2003 年版,第 268~269 页。

〔13〕王元化:《清园夜读》,中国社会科学出版社 1993 年版,见《谈公意及其他》一文。

〔14〕《马克思恩格斯全集》,人民出版社 1985 年版,第 7 页。

〔15〕钱乘旦、许洁明著:《英国通史》,上海社会科学院出版社 2002 年版,第 61 页。

〔16〕李辉著:《文坛悲歌——胡风冤案始末》,花城出版社 1998 年版,第 247~248 页。

（郭　山 文,原载《书屋》2004 年第 10 期）

书写知识分子的历史

历史，总是由知识分子书写的，然而知识分子自身的历史，却常常无人书写。个中的缘由，大概是因为知识分子在中国，一直被认为是一根依附在人家皮上的无足轻重的杂毛，连独立的名分都没有，何来独立的历史？这一情形，到八十年代有所改变，在文化热之中，产生了知识分子的自我反思。反思的方法有多种，其中之一就是历史的反思，于是，知识分子开始有了自我的历史。

算起来，研究知识分子历史的，在八十年代我算比较早的一个。我个人之所以对知识分子的历史发生研究的兴趣（而非人人都有的谈论兴趣），起因纯属偶然。1982 年我在华东师大毕业留校，系里分配给我的教学任务是中国民主党派史。中国的民主党派，在其成立之初，绝大多数都是自由知识分子的聚合。一部民主党派的历史，也不妨读作一部知识分子的历史。在当时文化热氛围的烘托下，我尝试以一种文化的视角来考察这些现代中国的知识分子，考察他们在一个大时代中从传统到现代的历史转型。当时，我采用了"知识分子独立人格"这样一个中心理念，而且将这一理念作为研究转型期知识分子的主要依据。

"知识分子独立人格"这一理念在当时的知识圈里得到了相当普遍的回应，成为八十年代中国知识分子自我反思的重要成果之一。不过，现在回过头来看，尽管这一理念在当时具有现实反思的充足理由，但其学理和历史上的论证依然是不充分的。何况，学术研究在起初可以为一种意识形态的热忱所引发，但其持久的生命力应该是自恰的、独立的，而不是作为意识形态的工具。这是知识分子人格独立的学术体现。而作为学术意义上的知识分子史，就不仅仅是一部独立人格的转型史，它还具有社会学、知识学等多种蕴涵，应该通过思想史、学术史、文学史、心态史、社会史等多学科的方法多元化地加以研究，而且是独立的、冷静的、与现实有距离的客观研究。

为了替以后的知识分子史研究打好基础，从九十年代初开始，我暂别这一课题，从一个更宏观的背景——二十世纪中国现代化的整体历史，来观察知识分子所凭藉的时代背景和所面临的历史问题。同时，通过跨学科的广泛阅读，调整和优化自身的知识结构，以期在一个更广阔的历史/知识背景下来理解和解读中国知识分子的历史。这一调整到去年得以完成，我重新从宏观回到微观，回到自己原先的知识分子历史的研究，回到二十世纪中国知识分子历史的课题。

在漫长的中国历史中，有过几个值得大书特书的大时代。所谓大时代，按照鲁迅的说法，"并不一定指可以由此得生，而也可以由此得死"，

“不是死，就是生，这才是大时代”。对于知识分子来说，这样的大时代有四个：先秦、魏晋、明末清初和二十世纪。在这些大时代中，整个社会面临着巨大的转型，知识分子的思想和人格不仅与政治环境发生激烈的冲突，而且自身也面临着巨大的矛盾。大时代的知识分子是最光彩的，也是最丑陋的；是最单纯的，也是最复杂的；是最勇敢的，也是最怯懦的。二十世纪行将结束，我们仍然置身于一个大时代之中，书写二十世纪知识分子的历史，也就等于在书写我们自身。

不过，对于学术研究来说，二十世纪毕竟太宏观了。这短短的一百年间，发生了多少波澜曲折，其变化动荡的程度、周转复始的更替，几乎等于过去十个世纪。二十世纪的中国知识分子，不是一代人，而是几代人。更确切地说，在整个二十世纪中国，总共有六代知识分子。以1949年作为中界，可以分为前三代和后三代，即晚清一代、“五四”一代、“后五四”一代和十七年一代、“文革”一代和后“文革”一代。无论是前三代还是后三代，都有自己的历史中轴，那就是“五四”和“文革”。对历史中轴的理解，成为理解前后三代知识分子的关键问题。“五四”和“文革”不仅是一个历史事件，而且是一种知识的和心态的分水岭，以一种什么样的阅历和身分经历它们，足以区分几代不同的知识分子。所谓的代沟，也往往通过重大的历史事件而得以明晰。

最初出现在二十世纪中国舞台上的，是晚清一代知识分子：康有为、梁启超、严复、章太炎、蔡元培、王国维等人。他们大多出生于1865—1880年间，早年受过系统与良好的国学训练，有传统的功名，但为变法图强之故，已经十分重视西学的价值，但那些新知多是从东邻日本转手而来，常常显得一知半解。从骨子来说，这一代人的思想模式不外乎“中体西用”。

尽管如此，他们毕竟是跨世纪的一代，既是中国历史上最末一代士大夫，又是新知识、新思想、新时代的先驱。他们中的一些佼佼者如"笔锋常带情感"的梁任公，影响了整整一代"五四"知识分子。

1915年以后，新的一代知识分子崛起了。像鲁迅、胡适、陈独秀、李大钊、梁漱溟、陈寅恪、周作人这代人，大多出生于1880—1895年之间，是中国第一代现代意义上的知识分子。之所以说第一代，是因为他们不再走学而优则仕的传统士大夫老路，在新的社会结构中已经有了自己的独立职业，比如教授、报人、编辑、作家等等，而且在知识结构上，虽然幼年也通读"四书五经"，但基本是在不中不西、又中又西的洋学堂中得到的教育，后来又大都放洋日本或欧美留学，对西方文化有比较完整的、直接的认知。这是开创现代中国新知识范型的一代人，但在文化心态、道德模式等方面依然保存着中国传统的不少特点。

到三十、四十年代，又一代知识分子开始崭露头角。用殷海光先生的话说，可以称之为"后五四"知识分子。这代人实际上分为前后两批，前一批出生于1895—1910年之间，他们在求学期间直接经历过"五四"运动的洗礼，是"五四"中的学生辈（"五四"知识分子属于师长辈），这代人大都有留学欧美的经历，有很好的专业训练。如果说晚清与"五四"两代人在知识结构上都是通人，很难用一个什么家加以界定的话，那么这代知识分子则是知识分工相当明确的专家，比如哲学家冯友兰、贺麟，历史学家傅斯年、顾颉刚，政治学家罗隆基，社会学家潘光旦、费孝通，文学家朱自清、闻一多、巴金、冰心等即是。前两代人是文化精英，主要靠社会影响出名，而这代人的声望主要局限在知识圈内。"五四"一代开创了新知识范型之后，"后五四"一代作出了一系列成功的范例，三十至四十年代中国文学和学术的高峰主要是这代人的贡献。“后五四”一代中的后一批人出生要晚一些，基本在1910—1930年之间，他们在求学时代接受了“五四”以后新知识和新文化完整的熏陶，却生不逢时，在即将崭露头角的时候卷入新的历史，一连串的政治运动耽误了他们整整三十年光阴，直到八十年代以后进入中晚年，才焕发出学术的青春。

1949年以后，留在大陆的“五四”和“后五四”两代知识分子被迫接受思想改造和改变学术观点，相当长一段时期是由“十七年一代”(1949—1966)知识分子唱的主角。这代人出生于1930—1945年之间，其知识底色受到《联共(布)党史》影响极大，带有浓郁的意识形态色彩。由于反复强调与过去的资产阶级学术决裂，他们在知识传统上成为无根的一代。这代人在马克思主义的框架中致力于学术研究，一直试图建立马克思主义的学术规范。但如同上代人一样，他们的文学和学术生命被连绵不绝的政治运动所打断。对于这一切，其中的一些人在1976年以后有比较深刻的反思，开始在马克思主义的框架中吸取西方优秀的文化成果，是思想解放运动的主要参与者，直接影响了下一代人的思想成长。

到八十年代中期的“文化热”，新一代知识分子崛起。这是“文革”一代人，他们大多出生于1945—1960年之间，早年有过红卫兵与上山下乡的经历，通过自学和恢复高考，具备了再度面向西方、兼容并蓄的文化目光。他们以西方最新的文学和学术成果为参照和比照，开始致力于新一轮的思想启蒙和知识范型的开拓。这代人的知识是开放、多元和博杂的，目前已逐渐成为知识界的中坚。

二十世纪中国的最后一代是“后文革”一代知识分子。这代人出生在1960年以后，在他们的心灵之中，“文革”基本上没有什么烙印，思想解放运动也印象平平。而"文革"一代知识分子担纲的"文化热"却赋予了他们早年的人格底蕴。幸运的是,无论是留学西洋,还是在国内攻读硕士、博士学位,这代人都受过系统的专业训练,是又一轮的专家型学者,在上两辈学者指导下,他们目前所做的新知识范型的阐释工作,已经有了一些令人刮目相看的成果,到二十一世纪,中国文学或学术假如有可能形成新一轮高峰的话,这代知识分子将是颇有希望的主角。

透过上述对二十世纪中国六代知识分子极为粗略的描述,我们可以发现在前三代与后三代之中,有一种有趣的历史轮回现象,或者说某种可比拟性。以新知识结构为例,第一代是过渡,第二代是开拓,第三代是陈述。类似的可比性还体现在知识分子的安身立命方面。一般说来,知识分子的安身立命可以表现为三种不同的人生关怀:社会(政治)关怀、文化(价值)关怀和知识(专业)关怀。这是三种不同层面的人生关怀,有着由显到隐、由外向内、由入世到出世的区别。作为任何一代和任何一个知识分子,这三种关怀都是有可能而且有必要同时具备的。然而,因为社会环境、时代风气和士人心态的不同,不同时代的知识分子往往会侧重于某个层面。对于二十世纪中国知识分子而言,大致来说,第一代(晚清和十七年两代人)更多的是社会关怀,他们处于一个社会结构转变的前夜,考虑的重心是如何实现社会政治体制变革,因此政治意识比较强烈。而第二代("五四"和"文革"两代人)更多的是文化关怀,他们对文化价值和道德重建的关心要超过对社会政治本身的关心,因此特别重视文化启蒙的工作,"五四"新文化运动和"文化热"都产生于第二代,并非历史的偶合。而第三代("后五四"与"后文革"两代人)相对来说知识的关怀更多一些,他们已经注意到文学或学术自身的独立价值,不是在意识形态或文化价值的意义上，而是在文学或知识自身的立场上思考各种问题，因此第三代社会的、文化的贡献远远不及前辈，但其知识的贡献却不可限量。

六代知识分子的兴亡更替，几乎浓缩地折射了二十世纪中国的全部历史。每代知识分子都是一个很大的研究课题，值得历史学家去书写。不过，我以为，目前真正进入“历史”的还只是前三代知识分子，而后三代知识分子仍然参与着当今的社会生活和文化生活，自身还继续处于流变之中。他们尚未构成“历史”，仍是“当下”的一部分。后三代知识分子，远未到盖棺论定的时候，他们只是文化评论的对象，而非文学史、思想史、学术史或心态史的研究对象。历史研究，总是以研究者与研究对象一定的时空距离为前提的，而这样的前提，暂时只有前三代知识分子已经具备。

所以，作为一个史学中人，我的下一步工作，仍然将围绕着前三代知识分子展开。尤其是“五四”与后“五四”两代知识分子的心态史，成为我个人特别关注的课题。我觉得，文学史、思想史或学术史所处理的主要是研究对象所留下的文本，是对文本本身的解读。但一个知识分子更深层的东西，比如他的心态人格、行为模式、个人无意识(乃至集体无意识)又岂是文本自身所能解读得了的！这就需要心态史的方法加以阐释，将表层的文本表述与深层的心理意识、内在的思想活动与外部的行为方式综合起来研究，进而对知识分子的历史有一个更深层的理解，有一个现代的阐释。这样的工作既吸引人，也富于挑战性，我愿意继续试尝着做下去。

最后，对编选原则再交待几句。一个学人到了可以编自选集的时候，大凡已经是著作等身、功成名就了。说来惭愧，我的年龄，还刚刚踏入不惑之年，学术生涯也不过十来年的光景。在寥寥几本小书和几十篇习作中,要“自选”几篇还算说得过去的,未免有点勉为其难。我是研究思想史出身的,但自小对文学有那么一点兴趣(原先以为自己是可以争取做一个文学家的),所以近年来主要在知识分子史和文化评论这两个领域用功。胡适之先生曾经说过:“哲学是我的职业,文学是我的娱乐”,套用他的话,我也不妨说:“史学是我的职业,文学是我的娱乐”。奇怪的是,在一个大众传媒高度发达的世俗社会,游戏之文容易换来俗名,而严肃的学术研究倒往往是寂寞的。我想,娱乐毕竟是娱乐,当不得真,一个学人的真正价值还是要通过他的学术生命体现出来。于是,在这本自选集里,我所选定的基本是与我的职业有关的论文,至于那些文化评论,即使是比较有价值的,也割舍了。

(本文原为《知识分子的历史:许纪霖自选集》一书的自序,该书收入《跨世纪学人丛书》,即将由广西师大出版社出版)

(**许纪霖** 文,原载《书屋》1997年第5期)

怎一句「人性卑微」了得！

一

上世纪八十年代初期，中国知识分子的整体命运迎来了一个大拐点，虽然个体有程度的不同，但社会地位的全面改观却是实在不过的。这当然首先要归功于政策指导下的宣传导向，其时推介的典型，大都除了学识丰赡、行止有节，还操守良好甚至人格高尚。中国人有这样的习惯，凡正面宣传的事物，如果涉及负面的内容，一般予以屏蔽，或者含糊其辞，所以，那些年里，还真是很少有人议论知识分子长期以来遭到质疑、批驳和嘲骂的诸多弱点和不足，对于其中的代表人物尤其如此。偶尔有人提起在荒谬的年代里一些人所共知的尴尬往事，竟演变成临危不惧、大义凛然的壮举——

这也难怪,不如此不足以唤起知识分子的自信,也更无从赢得社会对知识、对人才的尊重。

九十年代以来,由于当事人和亲历其事者提供了越来越多的回忆资料,社会的变化又使这些资料具有越来越多的真实性。人们的注意力自然地向更深的层次转移,许多学者在研究了那个时代知识分子的整体表现后,认识到令人气馁的事实,即知识分子不仅是“受害者”,而且是“明白的或潜在的加害者”,几乎每一个人都无法回避这一点,除了那不到万分之一的用血肉之躯进行过正面抗争的勇士,因为依照雅斯贝尔斯提出的原则,目睹了、容忍了迫害无辜行为的“旁观者”,也要为迫害者承担责任。于是幸存的”受害者”成了”加害者”的合谋,他们都“参与了构建压迫自己的环境”,为每一步迫害的升级铺平道路。

最早认识到这一点的大概是巴金。他在《随想录》的《解剖自己》一文里有如下这样一段发人深省的话:

在那个时期我不曾登台批判别人,只是因为我没有得到机会,倘使我能够登台亮相,我会看作莫大的幸运。我常常这样想,也常常这样说,万一“早请示、晚汇报”搞得最起劲的时期,我得到了解放和重用,那么我也会做出不少的蠢事,甚至不少的坏事。当时大家都以紧跟为荣,我因为没有“效忠”的资格,参加运动不久,就被勒令靠边站,才容易保持了个人的清白,使我感到害怕的是,那个时候自己的精神状态和思想状况,没有掉进深渊,确实是万幸,清夜扪心自问,还有点毛骨悚然。

现在读这些文字，也许会觉得巴老解剖自己还是有些下不了狠手——其实所谓“蠢事”与“坏事”，先前便已经做过了，在“反胡风”、“反右”中的态度以及当年在《人民日报》全文发表的致法斯特的公开信之类，难道还不是“效忠”的表现吗？“文革”并不是什么突发性的社会灾害，没有许多人、许多年的努力营造，不会有这样一个舞台，也不会有这样一场闹剧。然而当时能像巴老一样把问题认识到这种程度，还是很不容易的，所以《随想录》才能触动那么多人的良知，也才能让某些人切齿怒骂。巴金一生著作等身，能让他在文学史上垂于不朽的，当首推这部真实记载着生命血泪的书。

在文学成就上和巴金相埒的，如老舍、沈从文、曹禺等人，那时的“精神状态和思想状况”也和他相去无多，总之都是以“紧跟为荣”。只要是需要表态的时候，都很坚决，力图以此作为新的起点，虽然下一次“来了”(鲁迅语)，发现自己仍在原处，但并不气馁，继续不懈地配合。老舍死的前一天，并没有人要求他去单位接受批斗，可是他自己一定要去接受革命群众的教育，那意思当然是希望得到谅解，让自己投入革命洪流。谁知这些革命群众并不想让他革命，只想从殴打老人的过程中满足兽性的快感，这太令他伤心，伤心得连“千古艰难惟一死”也变得从容轻易。

对于数不胜数的像老舍这样选择了自戕之路的人们，有学者认为他们是用生命作代价来证实自己的清醒和维护自己的清白，这话很勉强，实际上，其中除了极小部分怀着忠而见疑的委屈，绝大多数都是实在不堪再忍受那看不到尽头的精神和肉体上的极度折磨，但凡还能活下去，谁会选择死！这种自杀，实际上和被杀没有什么两样，所以那时人们发明了一个很得体的说法，叫做"被迫害致死"。所有不堪忍受的折磨往往正是和自己的社会地位基本相似的人群所施加，而这些人中，除了少数挖空心思残害他人的罪不可逭的恶棍，多数附和者的行为本质上只是为了划清界限——把牺牲品划出线外去，也许能换来自身的安全，或者至少能延缓危险的到来。

一种看似可耻的可悲，才最能体现悲剧的深刻真谛。阿伦特在她的《耶路撒冷的艾希曼》一书里举了一个实例：华沙原有犹太人五十余万，根据德国占领军的要求，犹太的"自治性组织"（叫什么"委员会"之类）一批又一批地筛选出各类"分子"提交当局送往集中营（或工厂矿山）劳动，然后很快地在那里死去，最后在只剩下五万人时，才爆发了那场"鬼神泣壮烈"的起义。悲剧就是这样实现了它的完整性。

至于沈从文，因为一开始处境就比他们艰难，故而对后来的挫折便多了一份麻木，但"紧跟"的愿望却并不由此稍减。他性格驯良，做人处事总是"走小边"，怕给自己带来麻烦。"反右"斗争，他选了一个政治背景和自己差不多的萧乾开火，指责萧乾早年就和帝国主义分子相勾结。萧乾是个极聪明的人，解放后一直"跟得很紧"，参加"土改"的思想总结，曾受到最高方面的肯定——可以视为殊荣，或许就此忘乎所以了，终于在"阳谋"中翻身落水。其时"勾结帝国主义"一类大帽子，纯属《四进士》里宋世杰所说的"赖词"，数不胜数，看似吓人，全无实据，并未构成为萧乾定谳的主要依据。萧乾当然不会为此记恨老友。"文革"后期，萧乾得知从干校回来的沈从文住房逼仄，便托人向有关领导反映，希望给予关照。沈从文得知此事，十分不悦。不日两人在街头相遇，沈劈头便问："你知不知道我正在申请入党！"那意思据萧乾回忆，完全是为了显示自己在政治上的优越感——我并没有像你一样沦为贱民，怎么能接受你的同情？这种曾被鲁迅批判过的奴性意识在当时可说随处可见——即使自己处在极度的贫困和艰难中，一看到状况更可怕的贱民一族，马上就会豪情四溢，至少给对方一个鄙视的眼神。

同为大师一级的曹禺，历次运动中算是跟得最紧的，除了一篇又一篇的声讨他人的文章不断推出，对自己也能认真清算。几本已经成为新文学经典的早年之作，这个领导说点看法，他修改一遍；那个文件提出几点精神，他又修改一遍；翻来覆去，最后改得非驴非马，惨不忍睹。就这样，到了"文革"也未能免却被揪出打倒的劫运。他不理解自己怎么会是"反动文人"、"帝修反的走卒"、"地主资产阶级的孝子贤孙"，他渴望像以前一样地投入运动，"批判坏人"，可是，像阿Q一样，"投"不进去，只招来一顿打。他痛苦极了，整天在家里喃喃自语，要妻子方瑞帮他结束生命，方瑞没有结束他，却用安眠药把自己结束了。

上面这几位无疑都是处于知识分子最上层的人物，以他们的"精神状态和思想状况"衡诸等而下之者，则可以想见那时广大知识分子的可怜、可悲和可耻。凡从那个时代过来的人，要认识这一点并不困难。可是有种人总是有意识地回避，故意把一部有来龙去脉的完整悲剧切割成一出突兀的闹剧，仿佛就是几个跳梁小丑倒行逆施制造的一场横祸，于是，众多的"合谋者"被解脱了应该承担的责任，而被片面地认定为"受害者"，有的甚至被美化为抵制和对抗的英雄。这样的结果，自然使对于一个历史时代的认识和表述与它的本质距离越来越远，难免有朝一日也会作为一代人的懦弱和肤浅的证明，受到后世的指责和嘲笑。

二

以《铁皮鼓》等著作而名满天下的诺贝尔奖得主格拉斯，年近八十时出版了《剥洋葱》一书，为自己青少年时期的恶行自领罪责。他说：

回忆像孩子一样，也爱玩捉迷藏的游戏。他会躲藏起来。它会献媚奉承，会梳妆打扮，而且常常并非迫不得已。它与记忆相悖，与举止迂腐，老爱争个是非曲直的记忆相悖。你若是追问它，向它提问，回忆就像一颗要剥皮的洋葱。

格拉斯勇敢地剥去了自己和自己民族历史的"洋葱皮"，这可不是一件轻松的事。开始他并不想坦陈一切，可是心灵的负担无法减轻，后来他慢慢理解并且承认自己在不知情或者不想知情的情况下参与了犯罪。他说：

这种罪行不会随着时间的推移而减轻，宏观世界不会失去时效，我依然负有罪责。

不能不说这是令人肃然起敬的自省和赎罪精神，我想它大约和基督教文化传统有关。想当初，格拉斯自曝历史事件，在我们的部分媒体和知识分子中，是作为文化新闻报道和传播的(简直类似娱乐八卦)。许多国人竟能恬然自若地面对这类反省并且充当一名兴趣盎然的看客，这或许便是两个民族之间的差别所在。

由这里，我想起了去年一度炒得十分红火的“告密”话题。章诒和把两个（或不止两个）老知识分子推上了大众舆论的审判台，引起台下观众啧啧连声：“原来他们竟是这样的人！”由于“趣味性和可读性”强，发表文章的报纸想必销量大增——可见观众和鲁迅当年分析过的“看客”并无太大的区别，然而，审判这样两个老人，对于真实剖析那个荒谬的岁月实在意义不大。甚至可以说，由于脱离当时的具体背景，还可能产生某种误导。当然，他们的做法已经构成了“加害者”的行为要件，但他们却并非主要的“加害者”，把他们和“受害者”的关系突出为中心矛盾，不仅不能显示正面人物的高大，相反会导致消解批判意识（如果有这种意识）的联想。作为一个过来人，我想对章先生文章里介绍的两起个案提出一点看法——仅仅是看法，绝没有任何为谁做辩解的意思。

先说聂绀弩和黄苗子那点事。聂先生我没见过，和他夫人周颖却稍有接触——上世纪八十年代初期，她任“民革”中央组织部副部长，曾以领导身份和我们一众人等开过一次座谈会，还吃过一顿饭。她个头较大，大嗓门，一口中州腔，不太像文人，倒给人武工队长出身的感觉。当时我便听到有人说起她和聂先生闹矛盾的趣闻，有时弄得阵仗挺大，意思是双方都不是善茬。黄苗子还从中做过调解。黄也是“民革”中的名人、要人，好像在六全大会选上了中委。其时，“民革”中一班大老(曾授衔上将以上的如李济深、程潜、龙云、张治中)已凋零殆尽。配合时代背景的需要，被推到头面人物一线的多是前财经文教系统的人。主席是工会出身的朱学范(人大副委员长)，副主席中任政协副主席的也是前财经、技术方面的高官，如孙越崎、钱昌照都出自“资源委员会”系统。黄苗子，除早年在中央党部当差，到重庆以后，便一直任财政部秘书主任之类职务，战后还在南京、上海主管过金融业务方面的工作，因此算是重要的财政官员，而且在文化圈交游甚广，颇有名气，那时在“民革”中很受人瞩目。

黄和聂是老友记，重庆、香港、上海、北京，处了几十年。除了解放前一心向左、解放后一齐划右这点共同政治表现外，两个人的出身、性格其实差异颇大。聂绀弩出身贫寒，而且一辈子大半在颠沛流离中，即使短期顺境，也不过小康的工薪一族。他自恃文采风流，何肯甘居人下？无奈时不我与，于是愤世嫉俗，文风泼辣，言辞犀利，一直被人目为狂狷。狂也未必就是缺点，解放前他的身份是左翼文人，越狂越能赢来掌声一片，然而解放后，继续狂，那就早晚必然要出事。1957 年划了“右”，仍不肯韬光养晦，继续散播流言蜚语，直指中枢上层，以致被罗瑞卿怒斥为“王八蛋”。如果 1971 年“一打三反”时罗长子不是关在监狱里求生不得，求死不能，恐怕聂的性命难保。黄苗子家道殷实，而且几乎可说是富贵一以贯之(当然要扣除“反右”后的二十年，但对于一个百岁老人，二十年并不算长，何况这二十年间，他的处境比一般右派要好)。环境优越，便往往宅心仁厚，他性格圆通大度，又出手阔绰，无论是对组织或是对朋友，据说都在经济上做过不少贡献，和聂绀弩这一干朋友在外面吃吃喝喝，大约也主要是靠他埋单。

寓真先生在文章里提到的聂案中朋友的揭发材料，当然是确有其事。但我认为，黄苗子作为一个主动揭发者的可能性不大。这里首先涉及的是主观动机问题。所谓揭发动机，如果不是挟嫌报复，假手权力而泄愤，就必是见利忘义，中伤他人以邀宠。衡诸黄氏，都难以成立。他两人并无任何嫌隙，而黄从中不仅无利可图，只怕还遭遇到不小的麻烦。事情的发展逻辑可能是这样的：聂绀弩屡放厥词，早已为人侧目，专政机关在下手之前，自然要从他周围关系密切者身上搜集材料，黄苗子不免被有关方面找去，红脸黑脸如此这般，不需几个来回，所有情况不由你不全盘托出。与此同时，针对聂绀弩也进行了方针大体相同而程度各有深浅的工作，聂也必须交代出所有日常交谈和诗词唱和的情节，几方面材料对上号了，才能结案处理。现在，材料虽然都在档案里，但据此认为聂氏是"被几位朋友送进去的"，很难成立。从办案到落案的过程，他们自己是清楚不过的，所以，拨乱反正之后友谊依旧，甚至全无芥蒂，这和舒芜交信对比起来，是不可同日而语的。

聂和黄都可算那个时代知识分子中的代表人物，说不上什么高风亮节，当然也绝不是什么巨恶大憝，对于那个时代他们自己和其他人所经受的苦难而言，他们虽然都有责任，但却不能承担主要的甚至重要的责任。知识分子作为一个整体，其地位是规定了的，个人的人品、遭遇、表现和责任虽然有些差别，本质却并无不同。那些几十年间被描摹得入木三分的"原罪"，根本是洗不掉的，何况更有这个阶层自身令人齿冷的先天的软弱和后天的无耻，使他们只能永远沦为历史的笑柄。除了那些"不在现场者"，从中去美化一个，贬低一个，根本是背离实际且毫无意义的。而且，即便是"不在现场者"，像钱宾四、毛子水、殷海光、郭衣洞这些人，又怎么样呢？这样一个伟大民族的重要历史阶段，他们缺席，侥幸而已，难道还有资格充当什么"天下士人"的代表吗？

再说说卧底那篇文章吧！网上不少人批评章诒和不厚道，其实作者是在书写一段历史，只要真实，与厚道与否无关。冯亦代的行为当然可以列入卧底一类，问题是，这样的现象当时是一种社会常态，接受领导上布置的任务，监视某人或想方设法从被监视对象身上摸取情况，这种人何止千万？冯亦代是那个时代"左"倾文化人的一个代表，他虽然被划了右派，但并未因此动摇以往的信仰和追求，一心向往的是争取早日摘帽，重获组织的信任。"某部"要他主动接触章伯钧，及时汇报章的有关情况，这种信任使他深受感动，执行任务很卖力。这一切不是很正常吗？我不明白章诒和何以要表示出那样的惊讶，好像她来自另外一个世界、另外一个时代。这显得矫情嘛！

而且，冯亦代也根本算不上什么"卧底"——记得南方一家境外注册的电视台，专门为此事做了一期《三人行》的节目，邀请了前部长作家出席。这位前部长说，好像是有作家专门从事过情报卧底工作，比如黄秋耘。这话不是糊涂，就是有点不怀好意，黄秋耘是共产党员，当时如果是受命于党组织的情治部门，那形象可能比戏里的余则成还高大，怎么能类比于在文章和舆论里被弄得猥琐不堪的冯亦代呢？效命于情治部门，冯亦代政治上根本不合格。从"卧底"文中可以推断，当时和冯联系的(最高如某部的张部长，即张执一)都是统战部的人。根据"敌我矛盾按人民内部矛盾处理"的政策，党外右派头面人物仍然由统战部负责管理，虽然免职降薪，但"养起来"这条还是一如既往的(非头面人物则大量开除送劳改又当别论)。也就是说，并未想将他们置于死地，所谓布置眼线搜集材料云云，不过是为了掌握情况便于约束——用官面上的话说，叫"有利于对他们的教育改造"。

冯亦代是个老实人，一方面要积极争取早日解脱，不断追求进步；

一方面又在良心的重负下从事蝇营狗苟的勾当；个中苦恼，人所难堪。其实，他所能提供的“材料”不过就是些鸡零狗碎的日常言行，何曾有什么内容对章伯钧的命运产生过根本性的影响！这些事实和过程，章诒和作为过来人，应该很明白。可是从文章里看，却有些揣着明白装糊涂的意思。选择“卧底”这样一个字眼做标题，主观用意上，是否就是取其夸张而能产生哗众的效果呢？冯亦代死前出版那本日记，不失为高尚之举。我宁愿相信他握着李健生的手说“李大姐，你们对我真好”时，流出的是真诚的眼泪。上世纪八十年代，我曾经经手过一段某省政协直属学习组的档案清理工作。直属组人数最多时约百余之众，都是各界头面人物。档案经“文革”破坏，已经残乱不堪，内容有会议记录、个人检查及“背靠背”的检举揭发之类。对这些东西，我的第一观感是滑稽、荒谬，继而便不免悲哀：人都被改造成什么东西了？这些人现在都已经作古，面对他们的亡魂，该说什么呢？还是出言慎重为好吧。

顺便也还应该提一提章伯钧前辈。近年来，章诒和在著作里不断努力提高父亲的精神形象，作为女儿，自在情理之中。但恐怕蔽于亲情，难免不够客观，因而出现不准确、不全面的遗憾。章伯老在中国现代史中诚然是一个人物，但遗憾的是纵然才情出众却未能一展抱负。抱负，换个角度，换个说法，就是野心，对于成功者，是成功的动力；对于失败者，便是失败的隐忧——抱负与实力不相称而又不识韬晦，难免被其他竞争者视为大患，必欲去之而后快。伯老在脱离共产党以后，自许为邓演达的接班人，但却未能接受邓的全部政治遗产。粤军里邓的旧部并不服膺于章，在“福建人民政府”里，他也不是灵魂人物。“两广事变”之后，粤军系统悉数被中央瓦解，他的第三党从此成为游离于国共之间的文人议政团体（有军人，但已脱离军队，如黄琪翔等；也有过小型武装，但都不成气候，解放后被作为地下武装收编了）。重庆时期，左有共产党日益壮大的军事力量，右有国民党不得不做出的开明姿态，第三党置身其中的民主同盟十分活跃，曾被国内外寄予极大希望。内战的形势变化之快出人意料，到了1948年五一节，曾经政坛上的平等地位不得不变，所有民主党派宣布从此接受中共的领导。新中国成立后，共产党人很大度地安排了相当数量的民主党派头面人物担任国家副主席以下的各级官员，当然，一般并无实权（只有一个章乃器，说自己"有职有权"，具体情况不得其详）。那时章伯钧在政治上表现很积极（如批斗梁漱溟之类），应该说是想树立一种新形象，可惜并无收效，1957年便成了全国挂头牌的右派。当时说伯老是"马路政客"，倒也不算怎样离谱——在人家看来，你既无军队，又无地盘，可不就是只能在马路上混么？何况政客上马路，也并非离岗失职，比那些"沙龙政客"、"书房政客"所起的作用还是大得多，不过是时不我与，每况愈下罢了。

除了"文革"中那几年，共产党对于民主党派头面人物，一直坚持了"养起来"的政策，这要算是一项德政，至少比苏共文明得多了。不过，"被养"也要付出代价，那就是谨言慎行，循规蹈矩，绝不可以对着干，尤其不允许自拟为什么不同政见的旗帜之类。章伯钧晚年就是这么一位"养起来"的典型。超出了这个框架，就会违背历史的真实。有些读者对章诒和的著作不满意，这可能是其中一个原因。《往事并不如烟》在香港出版还改名叫《最后的贵族》，伯老地下有知，对自己被划为贵族，恐怕也会反感，甚至欲哭无泪。

三

二十世纪中国知识分子的命运和表现，情况也许可以说是大体上清楚了，至于研究，当然还有待继续展开。现在有人在总结悲剧的主观原因时，将之归结为"人性的卑微"，意即保全自我的动物本能带来的懦弱和无耻。这个结论是过于简单化了。通过思考，我也总结了三条，当然不全面，说出来，希望能成为引玉之砖。

一，近、现代意义上的知识分子群体，在中国并未发育成熟。所谓近、现代，在欧洲长达三百年以上，伴随着工业文明的发展、封建经济的衰落、人身依附的解体、人本主义的觉醒、人权意识的确立的全过程。而在中国，这一切的引进都在二十世纪的数十年间，特别是各种新潮思想的涌入往往前后颠倒杂乱无章。受过完备西方教育的人很少，就是他们也都留下了中国传统思想的深刻烙印，其中还包括一些顽固的守旧派。至于一般知识分子就更无足论矣，从小所受教育，君君臣臣父父子子那一套深入骨髓，对权力的崇拜和服从千年一贯。新文化运动导致传统教育体系的彻底破产，知识阶层中应运而生的激进分子急功近利，有的甚至寡廉鲜耻，一茬又一茬，知识萎缩不说，道德日趋沉沦——既然藩篱尽拆，何来是非标准？不过凡此种种表面上的无君无父却并不能改变骨子里的奴性意识，所以，把自己尽早地纳入权力的体系，做一枚或大或小的螺钉或"驯服工具"，是绝大多数人追求的目标。所谓"人作为个体的尊严与价值"、"以人为本"云云，是二十一世纪才提出的新观念。在"极左"路线统治下，不要说客观上不允许表现任何抗拒和疑问，就是知识阶层主观上也根本不具有质疑的能力和水平，所以在一个特殊的历史时代，他们中的大多数就构成了一个可悲的群体，沦入了一种可耻的命运。、

盖拉特莱曾分析过所谓分子化的社会群体和极权主义的关系。“分子化”的含义大致是没有经济基础、没有紧密联系、没有共同组织，甚至没有是非标准等等，这样的社会或者群体，最容易和极权主义结合，因为权力的掌握者是他们的唯一依靠，围绕着权杖欢呼舞蹈是他们自觉的选择(用盖拉特莱的话说，这是一个不能停顿的运动过程)。除了极少数游民，知识分子是中国“分子化”程度最高的群体，这点是无需多加证明的。

二，上世纪二三十年代初的大萧条和此后法西斯主义的猖獗，导致了知识界全球性的向左转。中国的知识分子这一时期是和欧美同步的。这股风一直吹到苏共二十大，西方知识界转向了，但中国知识界却并未(也不可能)跟着跑。这并非完全由于他们被绑在权力的战车上，欲罢不能，而是他们心中有一种只有中国人才能理解的自豪感。一百年来中国的积贫积弱，在共产党领导下才看到了转机，而且从来没有一种政治哲学像马克思主义一样描摹过那么美好的人类目标，他们大多发自由衷地改造旧思想，建立新观念，靠拢组织，服从领导。不以为然的当然也有，但只能说是针对个别和局部问题，十分清醒的百不一二吧，其中还有些属于渣滓者流，如周作人，骂别人是“四大无耻”云云，而自己却不停地向当局伸手要这要那，还打着哥哥的招牌，其颜可谓厚矣！而今日之学界，又还有人打着他的招牌沽名敛财，孰为无耻，当事者岂不自知？而竟毫无顾忌——视其苍髯皓首，直令人太息王朗之无辜！

反右以后，怀疑的情绪有所滋长，但强大的现实所形成的惯性仍是不容抗拒的主流，带动着他们走过了“三分天灾，七分人祸”的史无前例的岁月，紧接着又进入了一场“史无前例”的“大革命”。这时，在全新教育体制下成长的新一代知识分子走上了前台，这一代人可真是史无前例，其中竟不乏将自己的老师活活殴打致死的勇者。他们的前辈不少选择了自戕，不过死前多数不忘表白自己对领袖和组织的一片忠诚。这种忠诚大约只能是植根于他们所受的传统教育——匍匐在权力的脚下，至死也无二志。

三，从章诒和的书里，抄到了章伯钧先生的如下一段话：

中国知识分子中的大多数就被注定了要与使用双手的劳动者一样忍受屈辱和饥寒，安于卑屈的地位，以诚实勤奋的精神劳动来维持一个紧窄狭小家庭的生存。在生命价值与知识价值日趋低廉的国度，自然很少有发挥才力的场合，秀木却又极易被外力摧折。不是中国人，不是知识分子，就很难估量中国知识分子在现代史上承受过的压力及分量。

章伯钧真不愧是二十世纪中国政治史上的一个重要符号，他对于中国知识分子生存困境的分析，可谓深刻而又准确。确实，“不是中国人，不是知识分子”，而且对现代中国没有亲身体验，你还真是难以想象，简单的生存对知识分子曾经是多么严峻的考验。为了自己和妻儿的生存，面对权力的要求，他们没有选择的余地。特别是中小知识分子，与其指责他们在特殊的历史年代所表现的“人性的卑微”，还不如多了解一点他们生存的悲惨。总要衣食足而后才能知荣辱，这话是绝对不错的。当然，也有些存心作恶的坏蛋，但那就只好归咎于个人品质的恶劣，不宜用于做群体分析的依据。章伯老当然看到了中国知识分子作为一个整体令人不齿的表现，但他却要特别指出他们生存境况的悲惨，这便是仁者的胸怀，不像有些人，处心积虑千方百计打击知识分子，踹他们的软肋，逼着他们丧失耻感，不断堕落，表现出人性最卑微的一面——自己则从中收获一点说不清原因的快意。

（**雷池月** 文，原载《书屋》2010 年第 5 期）

第五章

改革之路 任重道远

转型期中国经济学家的社会角色

在我的印象中，第一次最鲜明地提出经济学家的“操行”问题的是左大培博士，早在1995年，在有关通货膨胀是有利还是有害的经济学界大争论中，他敏感地意识到了争论背后某些利益集团的影子，于是在《经济学消息报》上发表了《经济学界也要反腐败》的文字。文字发表之初，可谓“一石千浪”，至今余波在漾。此后，在有关“经济学(家)要不要讲道德”的争论中，这一话题也成为讨论中的一个热点；今年年初，一些著名经济学家围绕股市引发的争论，使得经济学家与利益集团之间的关系问题再度突显出来。本文试图从经济思想史以及中国经济改革的实际出发，对由计划经济到市场经济的转型期中国经济学家应该有怎样的社会角色，到底应该如何自处，以及社会如何对经济学家进行约束等等，提出自己的一点见解。

一、从弗里德曼的矛盾说起

我翻检了手头一些经济学著作，发现新自由主义经济学巨匠弗里德曼算是比较多地专门论述了经济学家的社会角色问题。在此方面，他有两篇重要的著作：一篇是六十年代中期发表的《经济学中的价值判断》，另一篇是八十年代中期发表的《经济学家与经济政策》。然而，在他的两篇著作的相关论述中，充满了他自己也意识到了的矛盾。

在《经济学中的价值判断》一文中，弗里德曼首先非常肯定地说，哲学家之所以批评经济学家在回避价值判断，是因为他们不明白："经济学中本来就不存在价值判断。"因为"原则上，经济学作为一种特殊的学科，所涉及的是环境变动对事件的影响，涉及的是预测与分析，而并不涉及评价问题"。显然，按照弗里德曼的这种说法，经济学家在社会中应当严格恪守价值中立，不应该受任何外在的利益所诱惑。

然而，在接下来的文字中，弗里德曼又转而承认："然而，经济学的确涉及到价值判断问题。"他摆出的几条理由，最有说服力的一条是："经济学家不仅仅是经济学家，他们同时也是人，所以他们自己的价值观念毫无疑问地会影响到他们的经济学。"而且他还强调："无价值的经济学仅是一种理想，而且，同大多数理想一样，常常最容易受到人们的推崇。"在这里，弗里德曼又认为，因为经济学家无法摆脱对自利的追求，因此，"价值中立"仅仅是一个有诱惑力、最容易被利用，却永远不可能达到的一种理想境地。

理想中的经济学应该排除价值判断，而现实中的经济学家却因为

"也是人",无法做到真正的价值中立,弗里德曼的矛盾就体现在这里。

在《经济学家与经济政策》一文中,弗里德曼认为,自亚当·斯密《国富论》问世至今,经济学家的社会角色有两种:一是研究经济运行情况,二是从公共利益的角度影响公共政策。经济学家们也为此"一直遵循同样的双重目标:加深我们对经济运行情况的了解和影响公共政策。"然后,弗里德曼分析了经济学家如何影响公共政策的三种方式。在文中,他要求经济学家放弃一种幻想:即认为政府官员比别人道德高,并且是为公共利益服务的。他认为,政府官员也是出于自利,而不是利他,并说了一句著名的话:"这个世界的圣徒追求自己的私利并不亚于魔鬼。"经济学家提供意见促进公共政策必须对这个前提有足够的认识。

论述到此,弗里德曼转而论述到了经济学家。他说:"关于经济学家的论述,我感到自相矛盾。我们也在追求自身利益。我们不能问心无愧地认为自己与政府官员有什么不同。我们不能把自己作为例外。那么,问题便出现了:以我们所阐述的途径来促进公共政策符合我们的私利吗?这是无法弄清楚的。"他还说:"我们应当承认,我们是那种了解自己利益胜过了解一切、并追求自身利益的人类。"

由此看来,如果说在《经济学中的价值判断》一文中,弗里德曼意识到经济学研究即在认识经济运行层面上无法排除价值判断,那么,在时隔二十年后的《经济学家与经济政策》一文中,弗里德曼更明确地意识到:当经济学家试图就公共政策提出意见时,更很难排除自己的私利考虑。应该说,弗里德曼已经完全认为,社会生活中的经济学与经济学家肯定是有价值判断的。

当然,因为弗里德曼始终从柏拉图技术主义角度提出,经济学必须排除价值判断，所以，他必须解决理想的经济学与现实的经济学在价值判断上的矛盾。而且他也的确为自己解决矛盾留了足够的“后门”。在《经济学家与经济政策》一文中，他提出，经济学家追求自己的私利并不与追求公共利益相矛盾。理由有两条：一是斯密所言的，于己有利就是于国有利，反之亦然；二是自身利益并非限于狭义的物质利益。它包括服务于公众利益、帮助他人的愿望。其实，这两条，现在看来都经不起一驳。前一条，博弈论中所谓“囚徒难题”，恰已提示出，个人理性未必能达到集体理性；后一条，把所有的利他都归为自利，造成了在逻辑上没有办法对经济学的自利假说证伪，所以，说了等于白说，或者干脆是一种伪理论。

近年来，中国经济学家关于经济学要不要讲道德问题争得很厉害，“讲不讲道德”的问题，就是有没有立场问题，有没有自己的私利问题。在我看来，因为有诸多人文学者参与其中，而人文学者偏重于伦理层面的道德，并没有追问到利益层面的问题，所以，很多看法并不确切。即便如此，从这次大争论中也是可以看出中国主流经济学家在此一问题上的自相矛盾之处。比如，某位经济学家曾发表长文，论证了经济学如何不讲道德；但很快，在另外一个场合，他又承认，经济学家也有自己的利益，也追求利益最大化。这样很容易让人追问：既然经济学家有自己的利益，且追求利益最大化，那么，如何保证他在经济研究中有一种客观公正的立场呢？还能说经济学不讲道德吗？可见，中国主流经济学家也像弗里德曼一样无法自圆其说。

所以，要做到理论上的彻底性，包括经济学理论的彻底性——即理性经济人假设的彻底性，解决从弗里德曼那里就存在的矛盾，我倒以为，我们莫如干干脆脆地承认经济学家有自身的利益，因此，肯定在现实经济研究尤其在政策研究层面上要讲价值判断。讲利益，讲价值判断，对于经济学家这样的“世俗哲人”没有什么可忌讳的，完全不必要摆出“公正、客观、超脱”的样子，如果说对于一些人文知识分子还有些羞羞答答的话。

二、经济学家利益化后的经济学

经济学家有自己的利益，而且追求自己的利益最大化，就有一个如何实现自己的利益的问题。在这一点上，经济学家与其他任何不直接参与生产过程的人一样，只能选择为他人服务，而且本能地，将选择能出最高价钱的买家。于是，在弗里德曼所在的美国，经济学家为利益集团服务就成为必然的了。在我国，曾经撰文论证“经济学不讲道德”的经济学家也承认，经济学家是为利益集团服务的。但也有区别：尽管大家都想卖出最高的价钱，但因为所能提供的服务在质量上的区别，于是，存在一个供求平衡点：即什么样的利益集团能出什么样的价钱请到什么样的经济学家。

美国是这样，其实，任何市场经济国家中的经济学家都是这样。其中的原因就在于，市场经济是利益主体多元化经济，一方面在某项具体决策上，不存在一个所谓的“全体人民”或“全体民族”的利益，而另一方面，为了在市场交易中取得占优的地位，个人利益又都以利益集团的形式表现出来。所以，经济学家的利益只能与各利益集团利益相结合了。

从这个意义上讲，经济学家一旦完成了与利益集团的结合，经济学作为一门科学，所持的所谓价值中立与客观性，也就已经不可能了；或者，即使在原理层面还有可能统一认识，但在政策层面，也完全成了各利益集团之间的利益之争。这就是一百个经济学家有一百种意见的原因。

这方面最深刻的论述也许还是马克思。尽管在他那个时代，市场经济——即资本主义，在马克思以及其他主流西方现代经济学家那里，市场经济就是资本主义——国家内部利益集团斗争基本是以两个阶级之间斗争的形势表现出来，但马克思却已敏锐地认识到政治经济学作为中立的科学的不可能性。在《资本论》第一卷第二版跋中他研究了法国、英国与德国政治经济学发展史后认为，法国与英国，资本主义生产关系发展早，所以，政治经济学发展也早。但是，"法国和英国的资产阶级夺得了政权。从那时起，阶级斗争在实践方面和理论方面采取了日益鲜明的威胁性的形式，它敲响了科学的资产阶级经济学的丧钟。现在的问题不再是这个或那个原理是否正确，而是它对资本有利还是有害，方便还是不方便，违背警章还是不违背警章。不偏不倚的研究让位于豢养的文乞的争斗，公正无私的科学探讨让位于辩护士的坏心恶意。"而德国情况不同。因为德国市场经济发展晚，所以，政治经济学发展不起来。但当资本主义生产方式在德国成熟时，现实阶级斗争又不容许任何人对政治经济学有客观的研究。所以，马克思说："我们的专家还是命运不好。当他们能够公正无私地研究政治经济学时，在德国的现实中没有现代的经济关系。而当这种关系出现时，他们所处的境况已经不再容许他们在资产阶级的视野之内进行公正无私的研究了。"

中国的情况与马克思所说的德国的情况颇类似。1997年，我曾在《中国经济时报》发表过一篇文章《市场经济与中国经济学的发展》。在那篇文章中，我借用著名经济思想史专家海尔布鲁纳的论点认为，人类历史很长,但经济学不过二百多年历史,就是因为只有市场经济才需要也才有可能产生经济学家。自然经济下经济秩序的安排靠世袭制,计划经济下经济秩序的安排靠政府(卢森贝尔说,工人阶级的胜利将是政治经济学的最后一幕),只有市场经济条件下经济秩序的安排需要经济学家解释并影响。由此,我说,也正因为中国搞了市场经济,所以,改革开放以来中国经济学才走向繁荣,成为显学;经济学家成为这个社会中地位最高的阶层之一。我甚至半调侃地说:难怪中国经济学家中绝大多数都支持市场经济,就因为市场经济给了他们饭碗。

但现在看来,我当时的乐观是过早了。因为改革开放二十年尤其是九二年以来中国社会各利益集团的分化速度如此之快,超出了许多理论家的想象;而在利益集团分化过程中,中国经济学家也不可避免地分化到各利益集团,所以,在经济学有可能在中国发展起来的条件即市场经济具备了以后,经济学家却因为已经利益集团化而无法进行客观的研究了。

我的以上分析,就是想说明这样一个问题:在当下的中国,任何一个经济学家的研究成果,因为有利益集团的背景在,在事实上无法做到客观公正,总是有利于某些社会阶层,而不利于另外一些社会阶层。清楚了这一点,经济学家必须自重,不要自视自己的言论是公正的、客观的,更不要以"学术乃天下之公器"、"为国家民族服务"、"为全体百姓服务"等字眼来误导社会。而与此同时,社会也要将经济学家利益集团化当作我们时代的常态,并且因此大可不必将某些经济学家的言论奉为圭臬。

在近几次经济学界大争论中,某些经济学家讲出一些有违常识的话,如经济学最讲市场交易秩序的公正与透明性,最讲市场规范,但在这次股市之争中，有人却对主张规范交易秩序的意见说：要像爱护婴儿一样爱护股市！再如在石油涨价过程中，一些经济学家不是去说国际油价上涨了，而我们的石油大量依赖进口，所以也要涨价，而是说，中国经济要对外开放，所以油价也要与国际接轨。等等。这些话不仅违背了经济学常识，也有违一般的生活常识。但如果我们知道他们是为有他们利益所在的“集团”说话，就没有什么想不通的。真正应该令我们警惕的是，一方面，我们的社会环境与社会舆论还没有发展到区分开“私话”与“公话”的地步，另一方面，我们这些经济学家都还以“天下之公器”自视，挟“社会主义市场经济”、“民族国家利益”等以自重，更要命的是，他们的面目还是“政府经济学家”的角色，这才是问题真正严重性之所在。

三、区分开“私利”与“公利”

经济学家将私利与公利有意混淆，曾经在市场经济国家也是较普遍的现象。美国著名学者诺曼·奥恩斯坦在其名著《利益集团、院外活动和政策制订》一书中就曾经说过：“当一个利益集团为了经济上的目的，或者为了要促进一个组织的自身利益，而直接（和单独）采取行动时，它至少要有意识形态方面的理由，或者具有一种道义上的号召力。”他举美国历史上的例子说，“石油工业部门为使大石油公司免遭瓦解而发起的情报运动，实际上在它的每一个广告里都包含着对自由企业制度的辩护和对政府干涉企业事务的申斥。防务承包商经常把需要保卫美国免受外来共产主义威胁，作为他们呼吁增加防务开支的基础。当工会为撤销工作权利法而开展运动时，它们就谈到美国工人的天然权利。”

那么，在经济学家不自律的情况下，如何确保经济学家追求私利的目标不与公共政策目标相违背呢？我以为主要有以下两条值得我们去做。

第一，政府必须严格区分开体制内经济学家与体制外经济学家。体制内经济学家就是弗里德曼讲过的政府经济学家；而体制外的经济学家主要指在为各类市场主体服务，主要供职于经济咨询机构、大企业发展研究部门或者顾问部门以及高校的经济学家。尽管对两类经济学家，我们都承认他们仍有自己的私利，并且会以私利影响公共决策，但对于前者，我们是以纳税人的钱以俸禄形式满足经济学家有一个尊严体面而优雅的生活，并以此作为交换条件，要求经济学家在已满足自利的前提下以他们的专业知识为公共利益服务，对于他们的约束，就是用政府公务员一样的标准。所以，必须杜绝他们与某个或某些特殊利益集团出现利益上的瓜葛，被利益集团收买，并且滥用他们为政府提供公共政策咨询的权力。关于这一点，左大培博士在《经济学界也要反腐败》一文中说得非常形象：即不能让一些经济学家“这个腰包里装共产党的钱，另一个腰包里装资本家的钱”。对于后者，即体制外的经济学家，他们私利的满足来源于他们所服务的特定利益集团。拿了人家的钱，为人家提供服务，这也是天经地义的事。所以，对于他们的约束，是必须杜绝他们所制造的舆论直接进入公共决策过程，而只能经由民主的管道，以他们服务的利益集团的意志表达出来。

当下中国经济学界之所以出现某些著名经济学家将私利作为公利，就在于从体制上没有区分开他们的角色：许多著名经济学家既担负了为政府提供经济决策服务的角色，又承担了为某些利益集团甚至个别大型企业集团提供服务的角色。比如,在卷入股市之争的经济学家中,基本都身兼数职:或是在人大财经委员会担当要职,或是国务院发展中心研究员,或是政协常委,甚至有的还是经济法的起草组织者,但同时,他们也几乎都是某大学教授,某个或数个协会、大型企业的顾问,有的还是基金会的顾问,有的还是某海外上市公司的独立董事。所以,中国要避免经济学家将私利作为公利的现象,首先必须清理一次经济学家队伍,保留一些专门的政府经济学家,其他的都由利益集团出钱供养。

第二,经济学界必须反对任何形式的话语霸权。在这一点上,弗里德曼很高明。正因为他也意识到经济学与经济学家实际上处处在进行价值判断,所以,为了确保私利不影响甚至能够促进公利,他给找了一条出路:即通过

"自由言论"建立"思想市场",通过这个市场,"所有参与者都将在边际点上获得共同的价值观念",从而发展价值观念,使价值观念方面的分歧成为"共同满足的源泉,而不是争端的契机"。弗里德曼解决矛盾的办法,如果用我们今天的通俗话讲,就是使各种意见都能充分表达并相互制衡,然后达到一个平衡点——即经济学上讲的均衡点。也因此,他还专门发表了一篇名为《自由言论经济学》的文章。文中考察了经济安排与自由言论之间的相互关系。其结论可以用当下中国知识界常讲的一句话概括:反对一切形式的话语霸权!

话语霸权背后往往是社会的强势集团。我必须承认,在一个利益多元化社会中,经济学家追求自己的私利,所以,往往是社会中能出最高价钱的强势集团,能购买到社会中最有话语权力的大腕经济学家为他们服务;而弱势群体因为组织起来费用高得他们往往承担不起,同时他们自

身也的确很难认识到他们自己的真正利益之所在，比较涣散，所以，很少能雇得起有很大话语权力的经济学家。这个局面与在诉讼案中视多少钱请什么样的律师很类似。所以，如果听凭所谓“思想市场”的调节，最后还是会造成话语权力的越来越不平等。

所以，这里也有政府调控的余地：一方面，对于政府经济学家，政府要对他们有所要求，即在市场经济的文化与政治背景下，政府经济学家特别重视弱势群体的利益诉求。另一方面，政府直接掌控的媒体，要有意识地为这个社会中处于边缘或非主流地位的经济学家留出说话的空间，以作为这个社会内在稳定器及调节器的一个有机组成部分。

中国经济学界目前也存在形形色色的话语霸权与学术垄断。这种话语霸权与学术垄断也必须打破。在中国经济学界内部营造一个有利于竞争而非垄断的环境也很重要。主流经济学家需要知道，让非主流地位的经济学家参与到竞争中而非搞压倒性话语霸权对于主流自身完善自身的体系也非常重要。这方面，萨缪尔森可充当一个反面教材。1968 年，萨氏在其《经济学》第九版中嘲笑处于非主流地位的加尔布雷思说：“不是经济学家的人过分重视了加尔布雷思……在他所写的东西中，基本上没有可供博士论文或学会会刊论文作为验证和调查的对象的命题。”然而，仅仅三年后，加尔布雷思当选为美国经济学会会长，而萨氏也被迫在以后各版《经济学》教科书中修改了对加尔布雷思不公平的字眼。

四、更长远的考虑

政府严格区分开体制内经济学家与体制外经济学家，经济学界自身反对话语霸权与学术垄断，这仅仅能保证中国经济学家不会以私利妨害公利。如果说中国经济学界作为一个整体，真要对转型期的中国作出一些实质性的贡献，那么，经济学家还最好有更长远的考虑。

首先，我想说明，这种更长远的考虑不是说要经济学家“无私奉献”——这本身是很不经济学的话言，而是说经济学家更好地保守住自身的利益，同时也促进了转型期中国整体利益。

转型过程就是制度变迁过程。道格拉斯·诺斯曾研究认为，人们对制度变迁的态度取决于支持变迁的预期成本与预期收益的比较。但因为不同收入阶层对于制度消费的贴现率不同，所以，收入较低阶层往往看到眼前，而收入较高阶层才更看重较远的预期。以此标准，中国经济学家因为总体上属于这个社会中收入较高阶层，所以，要有更长远的眼光。

转型期中国一个突出的特征是，各利益集团的发育很不平衡，所以，实力相差十分悬殊。而改革又是一个重新分配交易资源以及各利益集团争相抢夺其中最大份额的过程，所以，社会中强势集团当然会抢到比弱势集团大得多得多的一块。这是中国改革开放以来收入分配差距拉得如此之大的实质性原因。表面上看，这很符合强势集团以及为之服务的主流精英经济学家的利益，但从长远看，则完全有可能因为收入差距突破人口占大多数的弱势群体所能承受的底线，导致社会出现动乱，这时，强势集团及附着其上的主流精英经济学家很难再保守住自己的利益。

所以，即使是出于自利的需要，中国主流经济学家也应该学会让步，并鼓动他们所服务的强势集团让步，使得这个社会上弱势群体能更多地从经济增长中得到实质性好处。或者干脆暂时“高尚一把”，也站到弱势群体这边说说话。说到底，这还不是经济学家“良心不良心”、“道德不道德”问题，恰是经济学家自身长远利益之所在。因为只有使中国社会各利益集团之间能够形成制衡的局面，从而使民主能实在地建立在这种利益集团相互掣制的基础而不是建立在一个虚幻的所谓“全体人民利益”的基础之上，也才能确保国家能走出反复治乱的循环之中，也才能真正保持住经济学家自身的利益。

在结束我的这些卑之无甚高论的文字前，我想说明一点：尽管本文也涉及到了一些个案，但绝不针对任何个人。借用马克思在《资本论》第一卷第一版序言中曾经说过的一句话：“我的观点是，社会经济形态的发展是一种自然历史过程。不管个人在主观上怎样超脱各种关系，他在社会意义上总是这些关系的产物。同其他任何观点比起来，我的观点是更不能要个人对这些关系负责的。”

（**卢周来** 文，原载《书屋》2001 年第 11 期）

解放农民

当我写上这个题目时，我的心情是相当沉重的，而农民生存状态的日益严峻，又迫使我不断增强奋笔疾书的使命感。中国是一个典型的农民国家，农民问题是中国革命、建设和改革的最大问题。半个多世纪来，中国农民事实上已经经历了几次重大的解放：新民主主义革命的胜利，使农民从“三座大山”的剥削和压迫下解放出来，做了国家和社会的主人；包产到户的创举，使农民从饥饿半饥饿中解放出来，逐步过上了温饱和小康生活；村民自治的推行，使农民从政社合一的人民公社体制的桎梏中解放出来，开始向民主政治的大道迈进。难道今天我们还需要再提解放农民吗？

是的，解放农民不但需要，而且还十分紧迫。当前挑战中国的“三农”问题，特别是日益尖锐的农民问题，使我更加认识到了解放农民的必要性、重要性和紧迫性。我敬佩像刘纯彬[1]这样的政策研究专家，他们早在上个世纪八十年代中后期就敏锐地提出了严重束缚农民的二元社会结构理论；我敬佩像杜润生[2]、党国英[3]这样的关注农村问题的学者，他们孜孜不倦地为农民这一弱势群体说话呐喊；我敬佩像李昌平[4]这样的与农民直接打交道的基层党员干部，他们敢于舍弃“乌纱帽”，忘身为民请命。但决策层又怎样采取根本性措施和采取怎样的根本性措施，才能使中国彻底走出“兴亡百姓苦”的历史怪圈呢，我们认为这就是新时期的农民解放。

解放农民，就是要把农民从二元社会结构的羁绊中解放出来，撤除城乡隔离的人为樊篱，打碎套在农民身上的体制性枷锁，给农民以公平公正的国民待遇、平等自信的公民地位和自由广阔的生存发展空间。建国后，在苏联模式的影响下，我国迅速建立起高度集中的计划经济体制，为确保这个体制的运转，贻害无穷的二元社会结构就牢固地建立起来。包含户籍制度、住宅制度、粮食供给制度、副食品和燃料供给制度、生产资料供给制度、教育制度、医疗制度、养老保险制度、劳动保护制度、婚姻制度等十四项具体制度在内的二元社会结构，人为地把我国切割成市民与农民相区别、城市与农村相隔离的社会，农民似乎低人一等，农村也曾一度成为城市人“犯错误”、“受处分”的下放和改造之地。一个国家就这样分成泾渭分明的两大块，各大块年复一年地进行着封闭的体内循环。与此同时，国家还实行“挖农补工”政策，通过“剪刀差”无偿地从农民那里获得工业化所需的原始积累，据统计，从1952年到1986年，三十四年间国家通过价格“剪刀差”从农业中隐蔽地抽走了六千八百六十八点一二亿元的巨额资金，约占这些年间农业所创造价值的百分之十八点五[5]。进入二十世纪九十年代后,“剪刀差”还呈不断拉大的趋势。这种二元社会结构,直接造成了农村的落后贫困和农民经济、政治、法律和社会地位的下降。全国至少还有三千万农民尚未解决温饱,城乡差距日益拉大。1978 年城乡居民收入比率为二点三六比一,1987 年扩大到二点三八比一,1995 年扩大到二点七九比一,2000 年扩大到三点二比一。世界上大多数国家的城乡收入比率为一点五比一,超过二比一的极为罕见,而我国城乡收入的比率实际上已高达四比一的惊人程度[6]。缺乏经济地位的农民,也没有应有的政治、法律和社会地位。农民被市民贱看已成习惯。乡村干部目无党纪国法直接侵犯农民的生命财产权利就更普遍了。为了从农民身上搜刮更多的民财,一些乡村干部根本不经过法院、检察机关批准,直接带领干部或公安干警到农民家里牵牛抬猪,拿走粮食,随意捆绑殴打村民,逼死打死农民的恶性事件屡见不鲜。据 1996 年中央办公厅和国务院办公厅关于 1995 年涉及农民负担恶性案件的情况通报,全国共查处十三起恶性案件,被乡村干部逼死打死的农民十二人。到 1997 年,中央“两办”通报 1996 年涉及农民负担恶性案件已上升到二十六起,被乡村干部直接逼死打死的农民二十六人(其中还有一名十一岁的小学生)[7]。在城市,就没有哪个干部能够如此肆无忌惮地逼死打死市民了。至于涌入城市谋生的农民打工者,普遍地受到就业歧视,他们干的大都是脏、累、苦、险的活儿,不少私营老板不仅擅自延长工作时间、克扣工资,还随意毒打农民工,民工被毒打致伤、致残、致死的事件不断见诸报端。而城市的职工就不会有如此的悲惨境遇。身居社会最下层的农民的基本人权受到了严重威胁。农民不断地付出眼泪、鲜血和生命的代价,却并没有换来社会对他们的强有力帮助和保护。众多事实表明,仅靠表面的学习、形式主义的说教和自律性努力已经制止不了强势集团对农民的侵害。我国社会主义市场经济体制已经逐步建立起来,在计划经济体制下形成的二元社会结构却没有相应地改变，农民的不平等待遇和受歧视的地位没有根本性地扭转，农民依然在窒息他们的二元社会结构中挣扎。时代发展到今天,不解放农民,就不可能有农民的积极性和创造性;不解放农民,就不可能有农民的自由和幸福生活;不解放农民,就不可能有富强民主文明的现代化;不解放农民,就不可能有中华民族的伟大复兴。

解放农民,就是要顺应时代潮流和农民的普遍意愿,加快推进农村体制改革。中国的改革本来是从农村开始的,可现在农民却陷入了艰难之中,其根本原因在于农村改革的滞后。发展才是硬道理,改革才有大出路。家庭联产承包责任制和村民自治这两项伟大的改革,曾使农村发生了根本性的变化。可进入二十世纪九十年代,农村改革就基本上停滞了。也正是在九十年代,“三农”问题像滚雪球似的日益膨胀和严重。追根溯源,其原因不是别的,正是传统的钳制农民的旧体制。邓小平说过,制度问题更带有全局性、根本性、长期性,制度好可以使坏人无法任意横行,制度不好可以使好人无法充分做好事,甚至会走向反面。解放农民,就是对旧体制的一场深刻革命,对旧体制的革命就是要加快推进农村体制改革。一是要消除压力型管理体制。一项由海内外学者联合完成的研究揭示,中国的县乡政治体制是一种“压力型体制”[8],这种体制通过将政府确定的经济发展的硬指标逐级分解下达,从县、乡镇再到村,村再将每一项指标落实到每一个农民头上,各级收缴各种税费时,又层层加码,最后摊到农民头上已经是“天文数字”了。各级官员为了表明自己的“政绩”和表现自己的“才华”,就竭力超额完成任务。在这种“压力型体制”下,完全排除了国家与农民分权的任何可能性,居于弱势地位的农民无处申诉,就只有任人摆布的命运。二是解除户籍制度和土地制度对农民的严重束缚。公民的居住和迁徙自由是全世界公认的一项基本人权,1954年宪法就规定了公民的这项权利。但为配合计划经济体制的运行,1958年1月全国人大常委会一纸《户口登记条例》就将公民的这项基本权利轻易地取消了。1982年《宪法》也未予恢复。1997年和1998年,我国政府先后签署了包含公民居住和迁徙自由权在内的两个“国际人权公约”。可以说,现在是彻底改革户籍制度,重新恢复和确立全体公民居住和迁徙自由权的时候了。农村的土地制度也亟待改革,家庭承包责任制三十年不变,但这不能成为强迫农民种田的借口。本来农业的比较效益低,加上名目繁多的乱集资、乱收费、乱摊派,农民种田已没有多少利润可言。现行的土地制度没有确认农民的产权关系,限制了土地的合理流转。这对农民来说,就是你不种田也得种田,种田有没有利润你都得上交各种税费,这种强迫农民种田的逻辑该彻底抛弃了。在城市,你办企业开商店没有钱赚,可以关门大吉,有关部门不至于再上门收税费吧。在农村则不然,种田没有利润,可农民不能不种,不种田要收取你的“撂荒费”,不管你种不种,各种税费一分不能少。这种土地税赋制度明摆着是不合理的。因为农民是弱势群体,所以各级各部门就大胆地把手伸向农民而无后患之忧。三是取消“三提五统”和农业税。1983年撤销人民公社、建立乡政府后,与人民公社体制相对应的农村提留统筹制度却保留下来,并沿袭至今。据统计,从1993年到1998年,全国提留统筹费由三百八十亿元增至七百二十九点七亿元,年平均增长百分之十三点九。按人均计算的提留统筹费由四十四点六元上升至八十四元,年平增百分之十三点八[9]。从本质上说,“三提五统”是用于提供农村公共产品和服务的公共需要,而这些公共需要,在城市则全部由国家财政包下来,在农村则全部由农民自己包下来,这是极不公平的。提留统筹制度早已经失去了其存在的合理性,应该予以取消。由于农业是弱质产业,在实行市场经济的国家一般都没有单独设立农业税,而是对农业与其他纳税对象征收同样的税收,不仅如此,这些国家都普遍地实行对农业的特殊保护和财政支持政策,确保农业在市场经济中得到健康发展。我国农业税虽然不算太重,年均不过三百亿元(“九五”期间全国农民年均交纳农业税二百五十四亿元)[10],但仍然需要取消。取消上述两项税费,可能有人会认为乡村两级不能正常运转,国家税收会减少,影响中央财政调控能力。其实不然,以上两项税费加起来不过六百亿至一千亿元,我们不要算其他的账,只需精减党政机构和控制公款消费就能解决这个问题。据有关部门统计,全国乡级供养人员已增至八百七十点九万人,乡均两百人[11]。如果乡镇干部人员精简一半就是四百三十多万人,平均每人每年以一万元支出(含工资、办公费用)计,此项就可节省四百三十多亿元,而全国党政机关公款吃喝、公款消费、公款送礼等挥霍每年不下一千亿元。如果能够建立起与社会主义市场经济相适应的公共财政框架,大力进行公共财政支出改革,问题就更加迎刃而解了。所以,只要改革就有出路。不仅要取消“三提五统”和农业税[12],而且也要取消义务工、积累工,取消一切面向农民收取的不合理、不公平的费用。农民只应以实物形式承担向国家缴纳定购粮任务。至于在教育、卫生、电力、公路、信贷、水利建设、邮电通讯和其他基础设施建设及社会保障等方面,国家再也不能继续实行城乡有别、厚此薄彼的“一国两策”了。

我们认为,只要深化改革,就完全有财力确保城乡居民待遇的一体化。四是实行乡镇自治化、农民组织化。从秦始皇统一中国到1949年,我国的乡镇自治有着悠久的历史传统,中国历代统治者基本上都只将国家政权机构设置到县一级,县以下实行自治。所以自古就有“皇权不下县”的说法。满清政府1908年颁布的《城镇乡地方自治章程》至今仍有借鉴意义[13]。解放前,我们党在根据地就实施了地方自治制度。现在,乡镇不仅没有财力建立一级完全政府,而且其实际作为与造福一方的宗旨和提供公共服务的职能存在很大的差距。为了代表和维护广大农民的根本利益,为了扩大基层民主,健全法制,必须尽快撤销乡镇政府[14],相应地实行乡镇自治制度。正如工人有工会组织一样,农民在村民自治的基础上,还需建立一个代表自己利益为自己说话的农民组织即农会。设立农会不是今天才需要出现的,在民主革命时期,我们党的许多领导人就非常善于组织农会,搞好农会工作。在市场经济的大潮中,作为个体的农民,要能与其他组织进行有效的谈判和博弈,真正达到保护自己利益的目的,就必须把单个、分散的农民组织起来,组成自己的农会。

城市化是农民的解放之路。中国革命走的是一条农村包围城市的道路,中国的现代化必须走一条农民进入城市的道路。农民进入城市的过程也就是城市化的过程,城市化的过程就是解放农民的过程。城市化是中国农民的解放之路。回首已走过的历程,我们在这条路上走得太慢太艰难,这根本缘于我们对农民进城设置太多的障碍,农民在迈向城市化、现代化的道路上,肩负着太多太重的包袱。国际经验表明,在现代化的道路上,有三个关键性的城市化水平的指标[15]:一个是城市化水平达到百分之三十时,进入城市化快速发展阶段;一个是城市化水平达到百分之五十时,进入基本实现现代化的历史阶段;再一个是城市化水平达到百分之七十时,才能真正消除工农差别、城乡差别、体力劳动和脑力劳动的差别。建国以后,由于户籍制度的人为限制,我国城市化进程十分缓慢。1949年我国城市化水平为百分之十点六,1959年为百分之十八点四,1978年为百分之十七点九。从中可以看出,1959年至1978年的二十年间,我国城市化水平不仅没有上升,反而下降了零点五个百分点。从1950年到1980年三十年间,世界城市化水平从百分之二十九迅速上升到百分之四十一点三,其中发展中国家由百分之十六点七上升到百分之三十点五,先进工业化国家由百分之五十二点五上升到百分之七十以上。到1997年,全世界城市化平均水平已达百分之四十六,发达国家一般都在百分之七十至百分之八十,发展中国家也在百分之四十以上,而我国仅为百分之二十九点九,相差甚远[16]。我国有十二亿多人口,九亿多是农民,要实现现代化,就必须把绝大部分农民转移到城市来。党的十五届五中全会通过的"十五"计划的建议提出了"实施城镇化战略"[17],这是非常及时和正确的。但在实施城镇化战略的理论和实践中却存在着严重的误区。一个误区是把城镇化战略理解为小城镇战略。发展小城镇已经成为官方的主流政策和地方的主流行动,其实这是中国城市化的重大失误。发展小城镇既不符合世界城市化的发展规律,也不符合农民的普遍愿望,同时,小城镇也不能完成我国城市化的艰巨任务。国际经验表明,只有规模较大的城市才能产生明显的聚集效应,从而创造较高的规模效益、较多的就业机会、较高的科技进步力、较大的外部扩散效益以及比较完善的城市功能。事实证明,小城镇创造不出较多的就业机会、较大的规模效益和完备的城市功能,盲目发展小城镇还明显地造成巨大的土地和财产浪费，造成低水平的粗放型的重复建设。我们知道，广大农民真诚向往大中城市的美好生活，在全国各大中城市谋生的八千万打工者就是明证。从完成我国城市化的目标任务来看，小城镇也力不从心。以百分之五十的城市化水平计算，我国目前十二亿多人口，就需六亿多人生活在城市；以百分之七十的城市化水平计算，就需八亿多人生活在城市。全国两千多个县，充其量估算，每个县的县城（含中心镇）平均增加十万城镇人口，也只能解决两亿多人口的转移问题，还有四至六亿多农民必须进入全国各大中小城市。发展小城镇之所以成为时下主流，主要是囿于二元户籍制度的严格局限和对农民命运的擅作主张。可以肯定地说，那些主张小城镇的人，他自己就不会放弃大中城市而到小城镇去生活。在城市化进程中，各大中城市不能无动于衷，紧闭城门。为了不使人们对城市化产生理解上的歧义和由此造成的不利后果，在主流话语中应提倡以"城市化"取代"城镇化"。城市化其实已内在地包含发展小城镇，城市化不排斥发展小城镇，但发展小城镇不是城市化的主流。第二个误区是把户籍制度改革局限于小城镇户籍改革。近半个世纪以来的城乡隔离的二元户籍制度是计划经济体制为农民套上的沉重枷锁，在市场经济条件下必须予以根本性地改革。十一届三中全会以来，户籍制度开始松动。1984 年，国家允许农民"自带口粮"到县城以下集镇落户。到 2000 年，小城镇户籍改革在各地大步推进。从 2001 年 10 月 1 日起，全国两万多个小城镇全面推行户籍制度改革，这是我国改革开放的重大成果。但户籍制度改革仅限于小城镇的做法显然是远远不够的，户籍制度改革的终极目标应该是实现人口的自由迁徙。为此，我曾对掌握公民户口命运的国家公安部颇有微词，后来了解到早在 1985 年国家公安部就着手起草对户籍制度进行根本性改革的《户口法》,但却迟迟出不了台,主要原因是遭到了诸如教育部等有关职能部门的强烈反对[18]。改革是第二次革命,是对传统不合理利益格局的重新调整，必然要触及到一些部门和个人的既得利益。但为了广大人民的根本利益和国家民族的前途命运,对于阻碍改革的势力,我们必须向他们宣战。江泽民总书记提出的"三个代表"重要思想,就是要求我们要始终"代表中国最广大人民的根本利益"。九亿多农民的根本利益,就是中国最广大人民的根本利益。2001 年以来,一些大中城市的户籍改革频见报端,特别是 8 月 1 日河北石家庄市户籍改革正式实施[19],拉开了我国省会城市户籍改革的帷幕,尽管其中仍有许多不如人意之处(比如仍然设置过高的进城门槛),但毕竟开了一个好头,相信在不久的将来,大中城市的户籍改革能够得到迅速普及。要知道,每迁入一个城市新居民,就是解放了一个农民。

解放农民,是农民的迫切愿望;解放农民,是中国现代化建设和民族伟大复兴的希望所在。走在新世纪的曙光大道上,让我们以对美好生活向往的坚定信念和大无畏精神,万众一心改革旧体制,齐心协力彻底解放全体农民。

注释:

〔1〕参见农业部政策研究中心课题组:《二元社会结构:城乡关系:工业化·城市化》,《经济研究参考资料》1988 年第 90 期。

〔2〕杜润生:《给农民创造一个更好的制度环境》,《中国改革》2000 年第 10 期。

〔3〕党国英:《我们为什么要为农民说话》,《南方周末》2000 年 12 月 7 日。

〔4〕参见黄广明、李思德:《乡党委书记含泪上书,国务院领导动情批复》,《南方周末》

2000年8月24日。

〔5〕〔6〕转引自仲大军:《户籍制度与二元结构对中国农村的影响》,《中国国情国力》2001年第2期。

〔7〕转引自梁骏等编著:《村民自治——黄土地上的政治革命》,中国青年出版社2000年版第18页。

〔8〕参见荣敬本等:《从压力型体制向民主合作体制的转换——县乡两级政治体制改革》,中央编译局出版社1998年版。

〔9〕〔10〕〔11〕方言:《我国农村税费现状及成因分析》,《经济研究参考》2001年第24期。

〔12〕国家计委宏观经济研究院课题组:《农村税费改革问题研究》,《经济研究参考》2001年第24期。

〔13〕参见郑法:《农村改革与公共权力的划分》,《战略与管理》2000年第4期。

〔14〕参见邓大才:《乡级政府该撤了》,《中国国情国力》2001年第3期。

〔15〕参见课题组:《现代化标准研究》,《宏观经济研究》2000年第4期。

〔16〕参见张英红:《二元户籍制:半个世纪的"城乡冷战"》,《城乡建设》2001年第7期。

〔17〕《中共中央关于制定国民经济和社会发展第十个五年计划的建议》,《人民日报》2000年10月12日。

〔18〕〔19〕参见寿蓓蓓:《中国户籍制度悄悄改革》,《南方周末》2001年8月30日。

(**张英红** 文,原载《书屋》2002年第1期)

小书中的大问题

——读秦晖《农民中国》和《传统十论》

说《农民中国:历史反思与现实选择》是“小书”,当然是指其篇幅言,三百面出点头;《传统十论:本土社会的制度、文化及其变革》刚好四百面,比起那些多卷本大部头来,也可算小书。其中的论文也不冗长,而著者秦晖教授的文字,平实甚至不时带点口语化的特征,比起新近一些用拗口无比、深奥莫测、叠床架屋的西式中文句子写成的大著来,读这两部书当不会痛感阅读能力低下,自责理论水平浅薄,甚或怀疑到自己的国籍上。书中诸篇论文,不借助时髦的理论,似乎也不怀着要扭转乾坤的救世宏愿——比如把“西方中心”打翻在地,举起“中国”的大旗,或是发动一场“范式”大革命——却实实在在地通过新材料、数据和深入的洞见,提出了理解中国的诸多新的思路。因分属各篇,我试图按内在联系,做一点浅述。

很长时间以来,受革命话语的影响,我们一直自然而然地相信,中国问题的核心是农民问题,而农民问题的核心是土地问题,从孙中山比较温和的"耕者有其田",到毛泽东比较激烈的"土改",都一直把土地所有制的变更作为社会变革的中心。斯大林在《苏联社会主义经济问题》中指出"封建制度的基础并不是非经济的强制,而是封建土地所有制",人们也一直相信,只要土地问题得到解决,中国的问题就解决了一大半。秦晖在《农民中国》论文集中开首的一篇《关于农民问题的历史考察》中的研究则指出,围绕土地所有权产生的矛盾,并不是中国历史上的根本矛盾。中国历史上的农民起义,少有为争夺土地而起,而大都是因为反抗官府欺压,"历代农民战争主要爆发在自耕农为主的地区,而在租佃率较高的地方(如明末的江南)反而罕见"。

秦晖的这一发现,可能足以改变很多既有的观点,以致我 2004 年 4 月在耶鲁大学听史景迁教授一次学术演讲的时候,他就专门提到秦晖的名字,转述了这一观点。事实上,就是在二十世纪前半叶的中国革命中,这也是一个显而易见的规律,历史上中国北方多自耕农,南方多佃农,然而革命却是由北方扎根后席卷到南方的。我想,对土地关系的再认识,可以促使我们重新思考整个中国社会的基本矛盾和重新关注"非经济的强制"。其实,秦晖所认为的农民/地主的租佃关系并不是要害,在费孝通的二十世纪三十年代出版的经典名著《江村经济》中,完全找得到实证的例子。在费孝通笔下,农民和地主之间实质上是一种相互依赖的经济关系,地主为了维持这种关系,还常常允许农民缓交地租,农民因为不交税而被关押,地主还会把他保释出来——当然,这不是地主仁慈,或"阶级斗争熄灭”，地主需要人干活，就像房东（在英文地主和房东都是 landlord）需要房客交房租，有时也不免宽限几天一样。甚至可以说，正是因为地主在农民家庭和国家政权之间起了一种缓冲作用，使得“租佃率较高的地方”农民战争反而罕见。毕竟，地主和农民之间并没有绝对的强制关系，而国家和农民之间则完全存在附属和强制。值得一提的是，虽然孙中山提倡“耕者有其田”，但他基本是从经济而不全是道德角度提出的。因为孙中山认为，只有改变私人大量占有土地以及投资于土地的现象，才有助于将把社会财富从土地的束缚中解放出来，转而投注到工商领域，促进实业发展。

这样一来，我们看待整个历史上的社会革命的角度就不应该集中于农民地主的阶级关系，而集中于国家政权和国民（在过去当然是农民）之间，即“官”和“民”的互动，要探讨的问题，不是阶级关系如何左右历史进程，而是国家究竟以怎样的形式在实施对农村基层社会的控制。秦晖在《传统中华帝国的乡村基层控制——汉唐间的乡村组织》一文中又提供了一个新的视角。他认为，以为历史上中国的乡村基层社会是一个个的大家族构成的宗法社会是站不住脚的。在对汉代和唐代的若干出土史籍以及敦煌文书进行分析后，秦晖指出，在中国的传统村落中，姓氏是非常多元杂处的，构不成大家族统治的情形，所谓的宗族组织和宗族观念都是很淡薄的。另外，家族统治也并非中国独有，在中世纪欧洲同样存在。这又使我们对原有的、以为古代国家政权在县以下实行“自治”，依靠家族实行社会控制的观点起了疑问。秦晖在《“大共同体本位”与传统中国社会》一文中，以“大共同体本位”来描述大一统的国家统治，指出这种统治是建立在打破原有的小共同体之上的。于是，中国人看起来在小的社区中拥有了相当的“自由”，但事实上却被“大共同体”更加严格地控制起来。除了行政控制外，在此我想以葛兆光教授的《屈服历史及其他：六朝隋唐道教的思想史研究》为例做点补充。葛兆光指出，在唐代，国家权力已经对宗教进行了严格的“制度性控制”，寺观的数量、僧道的数量都由政府管理，“国家对宗教拥有绝对的权力”。

从这里向前一步，我们可以思考一个问题：如果国家和民众的矛盾更为基本和直接，那么它就不会因为土地所有制的变更、家族的崩溃而改变，即使重新分配了土地，农民和国家的矛盾也还是存在的，真正需要解决的，是农民作为国家公民的权利问题。这样一来，经典论述中关于秦代以后“土地私有制”和“地主阶级的统治”的历史分期论可以换成专制国家政权的建立，以及其在空间上的延伸和时间上的延续，乃至它与民众之间的持久矛盾。“土地革命”可以一劳永逸地带来翻身和解放的神圣外衣，岂不是该被剥掉了吗？

中国的真正特点，假如既不是紧张的农民和地主的对立关系，也不是政权的科层制度和家族制度的并存，就必然促使我们再次关注国家的直接行为，也就是秦晖提出的第三个观点，即国家政权事实上是直接延伸和作用于“民”个体和他们的小家庭的，其间既没有土地关系的遮蔽，也没有家族的横亘，而这种控制的实际执行者是“吏”。秦晖《传统中华帝国的乡村基层控制》中以吴简为资料进行的研究显示，中国古代的乡村基层控制，可能远比我们今天想像的要活跃和厉害，绝不是“天高皇帝远”之类的戏语可以解释的。的确，朝廷官员只派到县一级，但是借此认为县以下真的“自治”是过于天真了。由于县衙不可能直接管辖到基层，因此必须雇佣和依赖“乡吏”来办事，县以下有非常完善和发达的“乡、里、丘”组织。这些乡官“劝农”，管理户籍，收税，维护官方文化统治。他们“都不是‘乡村自治’的体现者，而是国家权力下延于乡村的产物”。但问题是，县官作为最低一级朝廷命官，虽然是官场里的“芝麻”，也还得通过考试才能上岗，而且要接受上级的督查，而乡吏则不需要考试，既不是朝廷命官，也就不可能吃朝廷俸禄，他们的收入，自然是直接和间接压在农民头上的负担，然而早在汉代，他们的数目就已经大得惊人——秦晖所举的汉代两个“乡政府”，乡吏的人数竟多达三十七人至四十人！这提醒我们，“吏”其实是中国历史上一个极为重要的阶层，是苛政的直接执行者。从白居易的“翩翩两骑来是谁？黄衣使者白衫儿”和杜甫的“暮投石壕村，有吏夜捉人”，我们不难想像唐代“吏”们的职责范围和他们的威风。晚清思想家冯桂芬在《校邠庐抗议》中哀叹：“今天下之乱谁为之？亦官与吏耳。而吏视官为甚，顾氏炎武谓之养百万虎狼于民间者是也。”王韬则在《去学校积弊以兴人才论》中区分了“儒”和“吏”，认为儒掌管“学校教授”，吏“掌钱谷刑名之事”，但吏“不知先王之治道，而专以法令从事……”

国家政权对社会进行如此严密的控制，其理论依据是什么？

范文澜的《中国通史简编》指出，“民字本义是奴隶”，可见“民”处于被监控的地位是历史形成的。秦晖在《西儒会融，解构“法道互补”》一文中则断言，中国传统政治制度设计中真正起作用的指导思想，是以人为“性恶”的法家思想，把人性理解得十分阴暗，而不是尚带有一点道德理想主义和民本色彩的儒家思想。法家和儒家不同，强调君主的绝对权威和秦晖所说的“行政安全”。在这里我想补充的是，法家的“性恶”与基督教的“原罪”观念看似接近，实则完全相反，因为基督教的“原罪”观是相对于上帝而言，是把君主也包含在内的，而法家既然讲君权至上，那么“性恶”

只能针对一般民众,是把庶民和王公贵族分开的。实际上,性的恶是从上到下逐步递增的,越下层者越"恶"。当法家的强权统治不过把儒家当成一种工具和理论装饰的时候,孟子的"民贵君轻"事实上已经没有意义了,"官"和"吏"可以充当监控者,"民"只能是被监控和惩罚的对象,而且必须交税来养活监控自己的人。

这种严密控制也有一个好处,如秦晖指出,就是朝廷把民众编制起来,从而可以最大限度地集中人力物力从事浩大的工程,如修建长城等。从《西儒会融,解构"法道互补"》这个标题可以看出,秦晖认为构成中国两千年漫长却不稳定的封建统治的根源是十分重视自身"行政安全"和"政治防范"的法家和逍遥逃避的道家,正是这二者的"轮流坐大",造成原始儒学中一些好的成分事实上被架空了。正是因为法家的统治,腐败才完全不可能被根治,因为儒家仅存的那点"忧道不忧贫"的道德理想主义是法家不容的,历代皇帝事实上很害怕也很反感真正的"清官"大量涌现,反而希望手下的官员个个贪图享乐,放弃道德理想,这样对皇帝就不会有道义上的制约。读到这里,我想,谭嗣同所痛斥的"大盗"加"乡愿"的二千年统治大概就是这么造成的吧。由"大盗"变成的皇帝,自然不可能真正获得拥戴。秦晖尖锐地指出,中国搞"君主立宪"其实是不可能的,原因正在于中国皇帝的真正权威是建立在"法、术、势"(就是权术加暴力)之上,令人恐惧,而不令人有发自内心的尊敬,一旦君主在中国失去了实权,不可能得到在其他国家那样的尊敬。其实,秦晖的论断也基本符合孟德斯鸠在《论法的精神》中对政治制度的划分,孟德斯鸠把政治制度分为君主(monarchy)、专制(despotism)、民主(democracy)三种,英国属于"君主",而中国属于"专制",后者的核心精神,正是"恐惧"(fear)。稍稍加以综合，或许我们可以说，中国在秦之前尚有“君主”统治之风，自秦汉以降，儒表法里，则一变而为“专制”，即毛泽东诗云“百代皆行秦政制”。

我以为，以法家为核心来解读中国历史是富有启迪性的。但从另一个角度看来，首先，中国历史某种意义上也需要法家。胡适说过，“儒”就是“懦”，注定了儒家虽然有道德优越性，但其恪守的中庸之道使得他们在现实中永远只能是保守妥协的，只能承担修修补补、维持秩序、教书、进谏、发牢骚的角色，通过对修养的强调向内部开掘。法家人物则有变革的意愿，开天辟地的气魄和铁腕的能力，极力向外开掘。因此，历史上真正的大人物都是自然地认同法家的，从秦始皇到为秦始皇辩护的革命领袖概莫能外。但是另一方面，由于法家人物大都刚愎自用，有己无人，奉行绝对专制，因而常常身败名裂，在绝大多数的时间里，还是需要温和稳健的儒家来“主持日常工作”。双方的这种特性——我姑且称之为“温和专制”和“极端专制”——使得后世的评价往往产生分歧，例如，当人们反对专制的时候，就会像谭嗣同一样攻击“秦政”和作为法家的来源之一的“荀学”，而奉孟子为嫡传；而当有的人，如当代的李泽厚，强调变革和进取的时候，则又会认为荀子及后来带有法家色彩的政治人物才是儒学正宗。在这一意义上，我想对秦晖的论点稍作修正——既然韩非子是荀子的学生，那么与其说是“儒家”和“法家”的对立，毋宁说还是儒家内部的唯物主义“左派”（荀子）和唯心主义“右派”（孟子）的分歧。

在我看来，国家的严格管制和渗透，法家的政治思想也使中国区别其他受儒家文化影响的国家和地区。常常有人想，为什么日本人可以借助王阳明的学说搞维新，而在中国却沦为“满街都是圣人”之“王学末流”？为什么韩国可以比中国更像一个正宗的儒教国家，有更严格的道德规范？或许，原因正在于日本和韩国吸取的是儒家思想中孟子、朱熹、王阳明一路讲究“仁义道德”、“伦理中心主义”的成分，真正尊重“贤者”，重视教育，但并没有吸收法家的残暴以及道家的虚无和反智主义。而中国，正如秦晖所指出的，“法道互补”交相控制了政治和精神领域，儒家除了补台跑龙套，最终只能“吏化”和“痞化”以外，并没有真正在思想上以其积极的一面引导整个民族，无论朱熹还是王阳明的学说，最后都会在现实中被庸俗化、功利化，被“痞化”。这样看来，儒家对中国政治文化和社会道德的实际影响，可能远不如我们自己，也远不如外国人所想像的那么大。

最后一点，我以为秦晖对近代国家主义的剖析是非常深刻的。正因为前述的，即国家政权早在两千年前就越过县一级，打破“自治”的神话而“一竿子捅到底”，中国历史上从来就只有国家力量过强，抑制了民间，使得自治不发达的问题，而不存在国家力量不够强，反过来需要“增强”的道理。认识到这一点，对近年来不少中西学者已经接受的，关于中国从“天下”到现代“民族-国家”的转型过程中需要一个强大而集中的国家政权的观点，无疑又是一个大的挑战。近代以来那种以反宗族主义为出发点，最后归结于国家主义的思潮，在秦晖看来，导致了一个奇怪的结局——“似乎只要不是以一姓之国而是‘人民’之国，就有理由侵犯乃至剥夺公民个人自由”，对国家主义替代家族和朝廷行使专制的揭露的确是令人深思的。

当然，秦晖的观点也有可讨论之处。他似乎暗示，只反儒家，不反法家，是近代“文化批判”的一大缺陷。但我以为既然法家的老祖宗是荀子，批儒也就有批法的意思在，单挑法家来批不太可能，秦晖对原始儒家的好感是否也过于理想化了？另外，中国文化中原本就缺少个体尊严和权利的一席之地，在内外交困的情况下，由于对强国和救国的急迫要求，人们不仅不可能去专门批判法家，很可能还盼望出现内圣外王、有开天辟地的气魄的法家人物来收拾局面，一统天下，至于这样的人物最终会带来什么，往往不是当时的人所能想到的。更为奇异的是，倾向于法家的人物就他们本人来说都不"儒"，在初期的时候，无一例外都是强调个人解放的，否则他们也不可能扩张自我，改造社会，但这无疑会使他们表面上看来和追求个性的时代潮流合拍，更不可能挨批了，历史的诡谲或许也正在这里。

寻找一种替代性的意识形态再加以整合，是近代中国文化的一个大主题。鲁迅在《故事新编》歌颂大禹、墨子，表现出复归墨家的倾向，是否暗示了他潜意识中既要个性不被压迫（反儒），又不想压迫他人（拒法），做一个实干的独行侠的理想呢？

事实上，墨学在秦汉之后，就被国家政权革出了思想系谱。独行侠又如何面对一个国家？鲁迅最终没能回答这个问题。

（《农民中国：历史反思与现实选择》，河南人民出版社2003年版；《传统十论——本土社会的制度、文化及其变革》，复旦大学出版社2002年版）

（**伍　国**　文，原载《书屋》2006年第9期）

中国道路：二十世纪的两次选择

——《西方民主史》再版前言

刚刚逝去的二十世纪，对中国人来说，实在有太多的事情值得省思。

至关重要的是，中国应当走什么路，在一个世纪中进行了两次历史性的选择。

第一次选择发生在二十年代。

“十月革命一声炮响，给我们送来了马克思列宁主义。”1921年中国共产党成立。这个党，效法苏俄，在中国掀起了一场新的革命。经二十八年的艰苦奋斗，于1949年夺得了全国政权。

在革命行将胜利之际，毛泽东在《论人民民主专政》一文中总结了这次选择的历史正确性。

他写道：自从1840年鸦片战争失败那时起，先进的中国人，经过千辛万苦，向西方国家寻找真理。洪秀全、康有为、严复和孙中山，代表了在中国共产党出世前向西方寻找真理的一派人物。在当时知识分子的眼光中，认为西方资产阶级民主主义的文化很可以救中国。中国向西方学得很不少，但是行不通，理想总是不能实现。怀疑产生了，增长了，发展了。十月革命之后，中国人找到了马克思主义，从思想到生活，才出现了一个崭新的时期。走俄国人的路——这就是结论。

中华人民共和国立国之后，更是"一边倒"，一心一意"走俄国人的路"，效师苏联搞社会主义[1]。

毛泽东主政下的社会主义，倒也不是照搬苏联的那一套，如一拨又一拨的"政治运动"就是一大"中国特色"。从"三反五反"、"三大改造"、"整风反右"、"大跃进、人民公社化"，直到"文化大革命"。不过，在经济、政治和文化方面所建立的体制，中国与苏联则是一脉相承的，如农田集中，共同耕种；如消灭私人资本，消灭市场，国家作为全社会资产的所有者，进行计划生产和分配；再如，权力高度集中，出现领袖的个人权力驾于党、国家和国家法律之上的个人专制，"个人崇拜"狂潮泛滥不已。到"文革"后期(1976年)，国家的经济已濒临崩溃，原先的种种美好承诺——走到反面。"怀疑产生了，增长了，发展了"(毛泽东语)。中国向何处走？历史的挑战迫使中国共产党人考虑作出的选择。

1978年12月，中国共产党召开了十一届三中全会。邓小平的思想在这次重要会议中起了主导性作用。全会之后，停止了"以阶级斗争为纲"，确立了"以经济建设为中心"，开始清理历次运动中的错误和错案；真理标准问题大讨论的思想解放运动，第一次猛烈地冲击了僵化的教条；中国人开始反省过去所走过的路。接着，"文化大革命"被完全否定，刘少奇、彭德怀等大量冤案平反昭雪，人们纷纷议论毛晚年的错误。

1978年的三中全会，是党经历多次深重灾难后的一次醒悟，也是中国发展的一次大转折。24年后的今天，再去思考这次会议的历史意义，应该意识到，这是二十世纪中国人的第二次选择——告别“俄国人的路”——的开端。

1991年，发生了苏联解体、苏共解散的重大事件。这是这一体制的内在逻辑发展之必然[2]。

社会主义祖师爷的不幸结局，对中国共产党人是最严厉的警示。

1992年，年迈的邓公毅然南下，发表重要谈话，力排改革就是“改向”的质疑。不久，中共十四次代表大会宣告推行社会主义市场经济。这是告别“俄国人的路”所迈出的重要一步。

历史的进程使我们愈来愈清楚，二十世纪中国人的第二次选择，就是告别“苏俄模式”，走向世界文明的大舞台。如果要将邓小平的理论作一个概括，那就是四个字：“改革开放。”他不可能引导我们走完“改革开放”的全过程，但他开辟了这条道路。他是二十世纪中国发展道路作出第二次选择的领头人。这就是邓小平千秋功垂的历史地位。

当今中国的进步(或者说“复兴”)，就是一步步地告别苏俄模式，即一步步地融入全球化的潮流。对中国来说，这已是不可逆转的趋势，但困难还是不小。

我们曾否定过西方文明[3]，并长期作为讨伐的对象；我们曾闭关锁国，长期与这种文明相隔阂；即使向西方学习，在如何学习问题上，也各执一端，争论不休达一个多世纪。“中体西用”、“全盘西化”，就是两种有代表性的意见。二十世纪八十至九十年代以来，又冒出姓“资”姓“社”叫喊声，阻挡中国吸收西方文明的优秀成果。现在，姓“资”姓“社”的论调已被人们看破，失去了传播的市场。

陈乐民先生说了一句富有启迪的话：“中国的近代史是在十九世纪中叶与西方文明的撞击并接受其影响而启其端的。”[4]鸦片战争是列强的侵华恶行，却更是中国由中世纪进入近代社会的开端。这早成定论。战争的诱因，若从中方反省，实因清廷夜郎自大，闭关锁国，拒绝参与世贸。此次战争之后，紧锁的天朝国门打开了，西方文明扑面而来，于是有了洋务运动、戊戌变法、辛亥革命、五四运动、北伐战争等等的历史事件，这些都是中国脱离中世纪孽根的西化现象，其进步意义谁也不能否定。有鉴于此，康有为感慨地说：“若使地球未辟，泰西不来，虽后此千年率由不变可也。”[5]而袁世凯称帝、蒋介石“一个领袖、一个政党、一个主义”的独裁政治，是抗拒西方文明的铁定的倒行逆施。建国之后，闭关锁国、“全面专政”、“宁要社会主义的草，不要资本主义的苗”，导致贫困、落后，也是拒斥西方文明对我们的惩罚。中国与西方的差异，先贤们早有洞见。如冯友兰说，所谓“中西之交”，乃“古今之异”。瞿秋白也明白地说：“东西方文化的差异，其实不过是时间上的。”姓“资”姓“社”的诘难也好，“不符合国情的”龃语也罢，面对这些卓识，不知还有什么招数。

现在已是今非昔比。推行市场经济仅仅十年，中国的城乡面貌和人们的精神世界发生了巨变，但决不可言“二十一世纪是中国世纪”之类的虚妄之说，对中国的家底我们时时要有清醒的认识。

肇始于八十年代的“改革开放”新路，其重心限于经济领域。虽然经济是一个社会的基础，但如果不在这个基础上向前向上推进，那么现代化只化了“一半”，而且是非根本的“一半”。所以邓小平强调：“我们的所有改革最终能否成功，还是决定于政治体制的改革。”中华民族的伟大复兴，关键在于国家政治体制的改革，在于跨进现代民主国家的行列，因为经济的持久繁荣，国家的稳定康宁，人民的自由幸福，文化的推陈出新，都有赖于它。

当然，在政治领域，我们也有了不少的进步。如领导职务终身制业已废除，以法治国深入人心，选举制度在逐步推行，法律体系在快速完善，权力制约在不断加强；民主、法治、人权愈来愈成为普遍的要求，在提高物质生活的同时，人们迫切期待着提高政治生活和精神生活的水准。但是，权力高度集中的政治体制未有突破，还基本上在苏俄体制的惯性下运作。邓小平在 1980 年就指出：“权力过分集中，越来越不能适应社会主义事业的发展。对这个问题长期没有足够的认识，成为发生‘文化大革命’的一个重要原因，使我们付出了沉重的代价。现在再也不能不解决了。”[6]时至今日，又过去二十二个年头了，权力高度集中的体制自然更不适应全球化、现代化的潮流了。

中国共产党第十六次代表大会提出：“改革要有新突破。”突破什么呢？就政治改革而言，关键是要突破权力高度集中的政治体制。这是人民的意愿，历史的必然，虽然艰难，但必须去做。

如果从这样的背景来认识，《西方民主史》的出版和再版，可以说是中国二十世纪第二次历史选择的产物。本书为了解、研究西方民主提供了一个框架性的文本。五四时期倡导的民主非但未能在中国扎根，而且曾遭遇了排斥的命运，只是在经受了浩劫和重挫之后，才又呼唤民主。民主，不是中国的国粹，中国的传统是悠久的专制主义文化。要实行民主，只能向西方国家学习。这并非说,人家的制度是尽善尽美的。邱吉尔说:"没有人以为民主是完美无瑕的。说实在的,倒是有人说民主是最坏的政府形式,只不过要除掉不断试验过的所有其他一切的政府形式"(1947年11月11日在下议院讲话)。此言的意思是,民主不是完美无瑕的政体,但同其他的政体相比,是最不坏的政体。学习,也不能照搬。西方民主,就美、英、法三国而言,也各不相同,怎么照搬?制度上各有特色,但制度中所体现的原则与价值观又是相通的。比如,都实行参与、竞争、制约、法治的原则,都信奉自由、平等、人权、正义的价值观。所以,建立民主制,必须与国情相结合,但必须改造国情中的种种非民主的因素(体制、观念、习惯等),才能吸纳先进文化——民主。对我们来说,确立正确的民主概念,建立与世界同轨的民主制度,一要清理传统的专制主义影响,二是清理支撑苏俄政治模式的理论体系。后者的任务,尤为艰巨。建设政治文明,最重要的是要落实民主制度;但人心中的民主意识、民主理念和把民主看成是每个人不可须臾离开的东西,才能使民主制度如同万里长城屹立于中国。愿《西方民主史》为此而贡献一点绵力。

注释:

〔1〕毛泽东说:"苏联共产党已经建设起来了一个伟大的光辉灿烂的社会主义国家。苏联共产党就是我们的最好先生,我们必须向他们学习。"见《论人民民主专政》。

〔2〕关于"苏联体制"或"苏联模式"的弊端,俄共中央书记久加诺夫(曾任苏共中央书记)作了经典的概括,他指出,苏共垮台是因为它长期坚持"三垄断"的制度:垄断真理的意识形态制度;垄断权力的政治法律制度;垄断利益的特权制度。

〔3〕毛泽东在《论人民民主专政》一文中认为,由于中国革命的胜利,"西方资产阶级的

文明，资产阶级的民主主义，资产阶级共和国的方案，在中国人民的心目中，一齐破了产”。

〔4〕陈乐民：《西方文化传统与世界历史》，《学术界》2002 年第 3 期。

〔5〕康有为：《上皇帝书》，转引自《冷眼向洋》下卷，生活·读书·新知三联出版 2000 年版，第 371 页。

〔6〕《邓小平文选》第 2 卷，人民出版社 1994 年版，第 329 页。

（**应克复** 文，原载《书屋》2003 年第 5 期）

民主：内生与借鉴

习惯认为，西方民主是经过文艺复兴、宗教改革，特别是启蒙运动之后才不可遏制地生长起来的。这种认识其实不够全面。不可否认，中世纪的西欧也经历了千年漫漫的黑暗岁月，但同中国大一统的皇权专制相比，却存在着不可忽视的差别。其一，古希腊与罗马的民主传统进入中世纪后不可能完全绝灭，在各国的政治生活中以当时可能的方式有所再现。其二，西欧国家众多，大小林立，所实行的又是分封制，各封建主的相对独立，以及封建贵族与皇权的斗争，使皇权不时受着掣肘，这又为第三等级的兴起提供了社会条件，从而孕育了国家与社会的二元化结构。其三，教皇与国王的长期争雄、教权与皇权的不断纷争也大大削弱了世俗的国家权力。最后，古代的法治理念仍是中世纪社会的生活准则。中世纪的这些社会因素，到了近代,随着一个新阶级的崛起,经过一系列的社会改革,现代民主便应运而生了。所以,西方的民主是由社会内部孕育而成的,即是内生的。对比中国的历史传统与意识形态,我们为中国缺乏民主自然生长的条件而深感遗憾!

以下的阐述,以中世纪的西欧为背景对中西民主缘起的巨大差别逐一加以说明。

一、多元的政体资源与万代不变的专制政体

在希腊这块土地上,早在两千五百多年之前,出现了一批具有不同政体形态的城邦国家。理论家对这些政体模式进行理论概括,便是人类最早的政体学说。

柏拉图(前427—前347)在《理想国》中提出了四种政体:斯巴达政体、寡头政体、民主政体与僭主政体。他认为每种政体都有不可避免的缺点。被他最为谴责的是僭主政体。他写道,一个僭主,"一旦他取得权力,他就无所不为,当权的时间越长,其暴虐的本性也就愈加疯狂","其专制的权力越大,国家的灾难也就越多"。专制暴政下,"国家成了他们手中的玩物,成了自己的奴役品"。"人民任由他们宰割","谁敢稍有反对与怨言,他们就动用国家机器进行屠杀性报复"。所以,这是"一个不幸中最为不幸的国家"。

鉴于此,他构想了"理想国"。这类国家中财产公有,男女平等,人人劳动。"国王是被选出来的最优秀人物"。这种"最优秀人物"在柏拉图心目中就是"哲学家—国王",哲学王以他的知识、智慧和美德治理国家。到

了晚年，柏拉图意识到他所设想的“理想国”在现实中不可能实现，在《法律篇》中提出了“混合式”政体，即君主制的智慧和民主制的自由的结合，使各种力量均衡的思想。他指出，君主的专制权力如果不受制约，就会导致国家的衰亡，如波斯；另一方面，民主政体下的自由如果毫无约束，国家亦会遭到毁灭，如雅典。如果这两个国家能保持应有的节制，使权力同智慧相结合或自由同守法相结合，本来都是可以继续繁荣昌盛的。正是由于两者都走向极端，结果便同归于尽。

之后，亚里士多德(前 384—前 322)对当时希腊各城邦国家的政体进行了分类。其一是有三类“常态政体”：君主政体、贵族政体、共和政体；其二是有三类与此相对应的“变态政体”：僭主政体、寡头政体、平民政体。两类政体的区别是，前者的执政者谋求公共福利，后者的执政者追逐私利。亚氏认为，每种常态政体都可能蜕变为变态政体；并指出，优良政体是各种力量平衡的混合政体，这种政体兼顾富人和穷人的利益，合理地“分配政治权利”，不让其中一方过分伸张侵犯另一方的利益。亚氏所说的“不让任何人在政治方面获得脱离寻常比例的超越地位”一言，包含着权力制衡的思想萌芽。

罗马共和国时期的思想家波里比阿（前 204—前 122）、西塞罗（前 106—前 43)也都推崇混合政体。波里比阿高度重视政体，认为“在各种国家事业中，政制形式是兴衰成败的最有力的动因”。他还认为，罗马共和国强大是因为它将共和国的权力合理地分配于元老院、人民大会和执政官三个部门，各部分“拥有牵制或配合其他部门的权力”，这是“最好的国家制度”了。西塞罗主张国家的三种权力不是平均地加以混合与制衡，而是主张以元老院为中心，突出对执政官(行政权)的制约，这是他对政体理论的新贡献且具有普遍意义。他认为,如果执政官的权力高于一切,即使没有国王的称号,也就等于保留了君主制制度之实。

进入中世纪后,西欧各国出现了大小不等的封建国家。国王或封君与封臣(领主)的契约关系,使受封领主在承担义务的同时享有自主的权利,领主的这种独立性使中世纪欧洲自由与民主没有得以完全遭致湮灭,这也是城市共和国与等级代表会议出现的重要原因。西欧封建国家权力的分散性同中国单一的皇权专制政体孕育着历史发展的不同走向。

到了近代,经过启蒙运动和资产阶级革命,新型的民主政体国家先后在西欧和北美崛起。这类新型政体与古代城邦民主政体相比有着很大的区别,简言之,它们是代议制民主,属间接民主范畴的民主政体,而城邦民主则是直接民主政体,它只宜于地域十分狭小的城邦,不适应于大陆民族国家。然而,对这类新型民主政体的理论界定,一些思想家不知所措,他们仍囿于亚里士多德以来的政体理论,如洛克、孟德斯鸠、卢梭等,仍以执政者人数多寡区分政体的类型。卢梭甚至说:"就民主制这个名词的严格意义而言,真正的民主制从来不曾有过,而且永远不会有。"他显然僵守于城邦民主制的老观念,所以他说:"民主政府就适宜于小国,贵族政府就适宜于中等国家,而君王政府则适宜大国。"这种说法就近于荒谬了。对近代民主政体第一个作出科学界定的是英国思想家约翰·密尔(1806—1873)。他在《论代议制政府》中指出:"理想上最好的政府形式是代议制政府。"这种政府是"由全体人民或多数人民按一定期间选出的代表选出统治者的政府"。这一时期各国出现的民主政体虽各有特色,然就其实质而言,都属代议制民主范畴。密尔的代议制政府论是对当时各种形式民主政体的理论概括。这一时期政体理论的另一贡献是由洛克提出经孟德斯鸠完成的“分权制衡”说，这是民主政体正常运转并不被腐蚀的利器。

在中国，自遥远的古代以来，从未出现像古希腊那种多样的政体形态。最早的国家夏朝建立于公元前二千二百年左右。一国之首为君王，王位世袭，就政体范畴属君主政体。商承夏制。周实行分封制，以周王室为中心，封邦建国，分土列侯。各国“诸侯有权委置下属，其卿、大夫、士享有封地”。“各诸侯国共尊天子，为天下共主，定期向王室朝贡”。周王朝应当说是一个封建国家，周天子以及诸侯、大夫都有自己的疆土、臣民、政权、法律与财赋，形成了“国中之国”，所以，周朝所实行的是等级君主制。正因此，各诸侯国相对独立，各列国并峙，使周室衰微，失去了天下共主地位。春秋以降，“礼乐征伐”自诸侯出，各诸侯自称为“王”、“公”、“伯”，周王反成了诸侯国的附庸。战国时期是各诸侯割据走向中央集权国家的过渡时期。公元前221年秦灭六国，结束战乱，废分封诸侯，建立由中央政府直接管辖郡、县的统一帝国。“海内为郡县，法令由一统”。中央集权下的皇帝专制遂由此始。秦王朝虽仅统治十六年(前221—前206)就猝然而亡，然这一制度却被历朝传承了下来，直沿袭到清朝，统治中国达两千余年之久！

两千余年，多少王朝兴衰、皇位更替，却没有动摇皇权专制(不是“封建专制”)制度。由于与西方文明隔绝，在中国人的心目中，除君主政体外，似乎再没有别的政权组织形式了。君主政体既然是唯一的政体形式，那么君王便是国家的象征了，帝王统治天下乃天经地义。所谓“天不可一日无日，国不可一日无君”，“一正君而国定”。所谓“为政在人”，“其人存则政举，其人亡则政息”，这类说教千百年来禁锢着人们的思想。既然君主政体万古不易，人们便把国家的兴盛与百姓的祸福寄托于一国之君，于是企盼"明君"、"清官"的思想经久不衰。当政治腐败、民不聊生时，以为只要换上一个好皇帝，就会政治清明、国家兴盛，百姓便可安居乐业了。这种思想长期腐蚀着深受压榨的劳苦民众。

中国的政体实践也不可能给中国的政治思想家提供多种类型政体的思想资料，他们不可能从各类政体的比较中探索政治好坏、国家兴衰的原因。包括明清之际的思想家黄宗羲(1610—1695)，他虽然激烈抨击君主专制，却未能跳出君主政体的藩篱。他认为，古代国君尧、舜、禹"兴天下之公利，除天下之大害"。而历代君王"以天下之利尽归于己，以天下之害尽归于人"，"敲剥天下之骨髓，离散天下之子女，以奉我一人之淫乐，视为当然"。他慨叹："古者，天下之人，爱戴其君，比之如父，拟之如天，诚不为过也。今也，天下之人，怨恶其君，视之如寇仇，名之为独夫，固其所也。"

直至十九世纪中叶以后，西方文明扑面而来，中国人才知道西方国家早已废专制而行共和，于是起而效仿。

二、国家、社会的二元结构与国家控制社会的集权结构

国家是凌驾于社会之上的一种力量，它依赖社会供养，又控制与奴役社会。国家的这种特性源于掌握国家权力的人的本性。中央集权的全能国家统治社会的一切，既遏制社会生机，更遏抑民主的生长。在国家与社会的分化中，社会便获得一定的自由空间；这种社会为民主提供了滋生的土壤。中世纪的西欧就属于这种情况。

中世纪欧洲的各封建国家,国王将土地、财产封赐给贵族,形成封君与封臣的契约关系,双方承担相应的权利与义务。封臣贵族,即领主在其所辖领地享有行政、司法等自主权。国王常召集由封臣贵族参加的封臣会议,商讨重大事务,颁布重要法律,以实施对全国的统治;而各地封臣也在会议上提出与自身权利相关的问题。因此,封臣会议也起着限制王权的作用。具有典型意义的是1215年英王被迫签署的《大宪章》。其中规定未经议会同意,国王不得征税。这意味着国王不是唯一的权力,也不是最高的权力。封臣会议的参加者后来扩大到城市商人、市民、乡绅,成为等级代表机构。那些与王权作斗争的贵族,或迎战贵族的国王,都需要第三等级即市民阶级的支持。这又为市民社会的兴起提供了有利的条件。1343年,英国的骑士和市民单独召开会议,两院开始产生。十四世纪九十年代后,征税批准权移至下院,标志英国市民阶级已主宰议会,也标志市民社会在英国的出现。国王自然要限制议会的权力。1566年,英女王针对下院经常反驳政府的提案而说道:有些问题无需下院"摇唇鼓舌","上帝不会允许你们(指下院)的自由成为我们的枷锁",因此很不愿意召开议会,在位四十五年仅召开十次。英王对下院的压制与专横,说明君主专制制度在伊丽莎白时期已开始走向衰落。正如马克思所说:"君主制所扮演的暴虐、反动角色只是表明在旧社会的孔隙中已形成新社会。"

法国封建化时期存在由国王召集的教、俗贵族参加的王室大会议。由于城市经济的发展,也吸收工商业代表参加王室会议。1302年4月10日,腓力四世在巴黎举行首次三级会议,它反映王室会议由封闭走向社会,标志对"新的阶级的政治上的承认"与等级代表会议的最终形成(尽管在形式上仍是国王封建统治机构的一个组成部分)。税收和财政是三级会议的主要议题。会议一般是在国家遇到紧急情况、国王需要得到各等级的支持而召开。十四至十五世纪三级会议不断召开并逐渐制度化，它加强了王权，推动了法国的统一。1438 年三级会议甚至授予国王建立常备军和不经三级会议同意征收军役人头税(教俗贵族享有免征此税的特权)的权力；此后，国王征收军役人头税的权力成为惯例。十六世纪后国王逐渐建立起专制统治，已不再需要三级会议了；1614 年之后干脆不再召集三级会议，时段长达一百六十多年。是否可以说，三级会议在英国走向宪政，在法国则走向集权呢？当然，第三等级在会议中反抗贵族、限制王权、表达自己意愿的精神，以及三级会议这一组织形式和政治原则，都为近代法国的议会政治奠定了基石。十八世纪法国资产阶级正是第三等级的后继者。

类似的情况普遍地出现于欧洲各地。早在十二世纪前半叶，西班牙的王室议会已对平民开放。在德意志，议会必须听取城市代表的意见。在瑞典，人民代表在 1359 年就参加了议会的第一次会议。在丹麦，议会成立于 1314 年，城市代表从来享有应有的席位。在瑞士，自由民成功地利用议会捍卫他们的权利。在荷兰，早在十三世纪各公国的议会中就有第三等级的代表参加。

国家与社会的二元化趋势还表现在自治城市的出现。

约从十世纪起，在意大利中北部就涌动着城市自治运动。历史上的民主传统，工商业的发展，促使城市居民要求政治自由。他们在同管辖城市的主教斗争中，与皇权结成同盟，被皇帝授予城市特权，准许城市自治。如 945 年维洛纳就出现了“公民的会议”，讨论城市公共问题；958 年热那亚获得土地的特权，1056 年又获得市场的权利。曼度瓦与费拉拉于

1014年与1055年先后获得城市特权；1081年，皇帝亨利四世保证不在卢卡城建立宫殿，也放弃了对该城的司法权。随着城市自治运动的发展，十一世纪末和十二世纪初，一批城市共和国或公社在意大利中北部出现了，其主要标志是民选执政官的出现，如：比萨（1081—1085）、米兰（1097）、热那亚（1099）、卢卡（1115）、波洛尼亚（1123）、维尼斯（1142）等。1183年的康斯坦斯和约使国王广泛承认了各城市的自治权。

市民社会以及黑格尔从理论上确立与国家相对应的"市民社会"的概念，这是较晚的事。但欧洲中世纪在王权之外所普遍出现的第三等级与城市自治运动，表明在国家之外一种独立的力量在涌动、在生长，正是这种力量孕育着国家与社会的二元结构，促使君主政体解体，召唤近代民主的来临。

中国的传统是国家一统，中央集权，皇帝专制。国家对社会实行绝对统治。社会对于国家只是仆从，国家对于社会只有奴役。在中国，没有国家与社会相区别、相分离的思想，更无社会自治与社会制衡国家的概念，也就压根不会产生国家与社会的二元结构。

皇权主义认为，溥天之下，莫非王土；率土之滨，莫非王臣。天下的一切，都为皇帝所有。在这里，只有江山、天下、臣民、效忠等一类的词语，没有社会、契约、权利、公民一类的概念。集权主义是组织国家的唯一原则，也是治理国家的根本方法。一切决策由皇帝裁定、颁布，一切官员（中央与地方官员）由皇帝任命、派遣，并由皇帝任命的机构加以监察。皇帝还操控生杀之权。集权主义下没有社会自由发展的空间。

秦统一中国后，以中央集权取代分封诸侯，皇权专制达二千余年而未有改变。因此，在中国不可能有欧洲那种"封臣会议"与"王室会议"，不可能出现王室与各诸侯、封君与各封臣之间的利益博弈。在中国，小农经济是历代皇朝的统治基础。分散、闭塞、弱小的小农需要强大的皇权从上面赐予阳光与雨露，专制统治也需要这种忍耐性特好的顺民。“重农抑商”政策下中国不可能出现西欧那种工商业者，即第三等级与市民阶级，因此中国也不可能出现等级代表会议与等级君主制。在中国，永远是国家的一元结构与绝对的君主制。皇权专制的不断完善与不断加强永远把社会踩在脚下。

三、宗教与政治、教权与皇权关系上的重大差异

这种差异集中表现为，在西欧存在着统一的强盛的教权，并与皇权相抗衡。在中国，宗教力量不仅是弱小而分散的，而且臣服于官方，不可能成为与皇权相抗衡的政治力量。

中世纪西欧，宗教或宗教社会是与国家权力相抗衡的重要方阵。因此，此时期国家与社会的二元化趋向还表现为教权与皇权的二元对立。教会所争取的，首先是独立于世俗之外，然后是凌驾于它之上，这种斗争可以说是中世纪历史的主要动力。

在与世俗皇权的斗争中，奥古斯丁(354—430)的《上帝之城》不失为重要的理论支撑。有两座对立的城：一座是天上之城，一座是地上之城。地上之城充满暴力与罪恶。国家的建立虽维护了秩序，但并未改变其本质。天上之城的体现者是基督教会，但与地上的基督教会并不完全相等，它只包括上帝的选民，不包括教会中的败类。世俗国家只有臣服教会，才可能成为上帝之城的一部分，人们死后才能进入天国。这一理论意味着

教皇的权力超越于世俗统治者的权力。至十一二世纪，教会又提出了“日月说”、“双剑说”。“日月说”声称，教皇的权力是太阳，国王的权力是“月亮”，其权力之光来自教权，因此王权应受制于教权。“双剑说”认为，基督把两把剑即宗教权与世俗权交给了教会，一把供它使用，一把为它使用，教权应领导俗权。

1073年教皇格列高利七世发布《教皇敕令》，宣称：“唯有教皇具有任免主教的权力”（公元八世纪末法兰克王查理曼时期主教均由皇帝任命，选立新教皇也需经皇帝批准）；“唯有教皇有权制定法律”；“一切君王应亲吻教皇的脚”；“教皇有权废黜皇帝”；“教皇永不受审判”等。格列高利七世大大加强了教会的权力，树立了教皇的权威。

1075年，教皇与德皇亨利四世为争夺米兰大主教的控制权互相争斗。教皇要废黜亨利四世，亨利四世则要废黜教皇。由于教皇得到德国贵族、修道士的支持，所以亨利四世陷于孤立，不得不向教皇屈服。1077年初，亨利四世到罗马向教皇请罪，但教皇不在罗马，又赶到教皇驻地卡诺沙，时值严冬，他在城堡外赤足披毡等候了三天，请教皇宽恕，真是脸面扫地！这就是教权战胜皇权著名的“卡诺沙事件”。

此后教皇的权力继续强化。1198年，英诺森三世（1198—1216在位）登上教皇宝座，他提出了历任教皇追求的世俗最高目标：教皇是“世界之主”，是“真正的上帝的代理人”。因为“主交给彼得治理的不仅是整个教会，而且是整个世界”。教皇的权力直接来自上帝，一切世俗君主都应臣属于教皇，由教皇授予世俗权力。为了实现这一目标，英诺森三世不惜使用任何手段，使教皇的权力达到了历史的顶峰。1214年，他控制德国政局后，又顺势干预西欧各国内政。他迫使法王、莱昂国王、葡萄牙王、阿拉贡王、保加利亚王等先后臣服，再出面仲裁匈牙利、瑞典、挪威等国纠纷，并最终使英王约翰屈服。英诺森三世还多次组织十字军，征服拜占庭，镇压法国南部异端教派，侵略波罗的海沿岸的斯拉夫人居住地，他对各国征收名目繁多的教会捐税，并开始大量出售“赎罪券”……

从十一世纪中叶开始的教皇与皇帝的斗争，历时二百余年，教皇取得节节胜利，教权也不断扩张。教会不但控制信仰，在世俗领域还享有种种特权，如立法与司法权、行政管辖权、财政税收权等。教会法原是约束信徒、神职人员的法规、条例，到十二世纪，其范围已包罗万象了。中世纪各种活动都是在宗教名义下进行的，所以教会法庭实际上包揽了许多世俗案件，主教充任法官。教皇在罗马设有教皇法庭，为最高法院。随着教权的膨胀，教会上层成为特权阶层，他们骄奢暴虐，腐化荒淫，由此导致社会矛盾的激化。1375 年，佛罗伦萨、米兰、热那亚、比萨和教皇国等八十个城市联合起来，要求推翻教皇的神权统治，获得自由。之后，又出现了 1378 年开始的四十余年教会大分裂，教皇权势就此一蹶不振，逐渐成为一个盘踞意大利中部的小君主。至十四五世纪，西欧各国的王权得以强化。不过，此时西欧已是中世纪晚期，君主专制是短命的。在即将来临的资产阶级革命中，各国君王的皇冠纷纷落地，有的还上了断头台。

中国与西欧相比，宗教的社会地位与历史作用存在莫大差异。

基督教是一统西欧各国的宗教，它有严密的组织，享有广泛的权力，有最高的领袖（教皇）与最高的权力中心（罗马教廷）。在中国，则无大一统的宗教，因而也没有严格意义的国教，但却有一统天下强大的国家政权。在西欧，皇权与教权、国家与教会是分离的，虽有互相渗透的一面，如教权也拥有俗权，或干涉俗权，皇权亦曾有参与教会事务之权（如任命主教)，但总的来说，无论理论上还是实践上，两种权力是分立的。在中国，皇权与神权是合一的，或者说是贯通的。上天为有意志的至高无上、充满精神威慑力的神所主宰。皇帝则是“天”派到人间的统治者，故称“天子”。《汉书·鲍宣传》说：“陛下上为天子，下为黎庶父母。”班固在《白虎通·德论》中说：“王者父天母地，为天之子也。”皇帝对臣民的统治是“天意之所予也”，故顺从皇帝的统治，也就顺应了天意。在西欧，皇权没有如此神圣光环，神学理论宣传的是，皇权来自教权。国王登位需教皇为之加冕，教皇因而可以废黜国王，开除国王的教籍。更为重要的是，中世纪的西欧在几个世纪中教权与皇权一直互相抗衡，彼此争雄。宗教势力在西方社会是举足轻重的政治力量。教会获得独立后，不断强化权势，限制皇权，向皇权频频挑战，有时皇权不得不屈服于教权，拜倒在教皇的脚下。到了英诺森三世时期，教权达到巅峰，各国世俗权力皆归顺于教皇。当然，权力独大，失去制约，必然会腐化衰落，罗马教会同样逃脱不了这一规律。

在中国，宗教不但不是一种政治力量，甚至也不是一种独立的社会力量。在观念上，不可能提出教权优于皇权的任何理论。中国的宗教只提供给人们信仰的选择，而不是占统治地位的意识形态，它们依附于皇权，并且为维护专制皇权效力。在这里，皇权受到宗教势力的限制，那是天方夜谭、日出西边了，倒是宗教活动、宗教势力时紧时松地受到世俗政权的控制。世俗统治者为了防范宗教的发展成为威胁国家权力的异己力量，采取种种措施加以限制，如实施一种横向切割法，即将京师的宗教领袖与地方的教徒分开，把宗教领袖置于中央朝廷的直接监控之下，从而使中央的僧道官不能纵向地指挥地方的僧道官与教徒，所以也就几乎没有全国性的宗教活动。中国的宗教不像西方那样有层层的权力中心和活动中心，其各级主教由教会选举产生。由于僧道官主要是由官方选任的，僧道官也就主要对官方负责，这样，僧道机构就成为国家机构的一个特殊组成部分了。更为重要的是，自古代以来，世俗统治者一定程度上断绝了出家人与未出家信徒及广大人民之间的联系，加之释、道二教在百姓中虔诚的信徒只是少数，由于官方的禁止，他们没能组织起来，由此，佛、道教上层人士很难成为有广泛组织基础的宗教领袖，官方从而有效地达到了遏制宗教势力在政治上发展的目的。

四、源远流长的法治理念与根深蒂固的人治传统

在西欧，早在古希腊时期的雅典等城邦，平民与贵族斗争中所取得的胜利都以法律的形式确定了下来。如雅典城邦公元前 621 年的德古拉立法、公元前 594 年开始的梭伦立法、公元前 509—前 508 年的克里斯提尼立法及公元前 462 年后的阿非埃尔特立法、伯里克利“宪法”等，都大大推动了雅典的民主与法治，孕育了西方的法治主义精神。正如伯里克利所说：“在我们私人生活中，我们是自由和宽恕的；但是在公家的事务中，我们遵守法律。这是因为这种精神使我们心服。”

关于法治的必要性，古希腊智者柏拉图就作出了深刻的哲理论述。他在《法律篇》中写道：“人类必须有法律并且遵守法律，否则他们的生活将像是最野蛮的兽类一样。”他认为“人类的本性将永远倾向于贪婪与自私”，“人们的心灵是一片黑暗，他们的所作所为，最后使得他们本人和整个国家充满了罪行”。当然，“如果有人根据理性和神的恩惠的阳光指导自己的行动，他们就用不着法律来支配自己；……但是，现在找不到这样

的人，即使有也非常之少；因此，我们必须作第二种最佳的选择，这就是法律和秩序”。

古希腊另一位哲人亚里士多德也推崇法治并贬斥人治。他认为，“人在达到完美境界时，是最优秀的动物，然而一旦离开了法律和正义，他就是最恶劣的动物”。所以每个人都应该在法律的约束下生活。他指出：“法律的实际意义”在于“促成全邦人民都能进入正义和善德的制度”。他排斥人治，认为“法治应当优于一人之治”。“谁说应该让一个人来统治，这就在政治中混入了兽性的因素”。法律是否妨碍人们的自由呢？他的回答是：“法律不应该看做[和自由相对的]奴役，法律毋宁是拯救。”他进而断言：“凡不能维持法律威信的城邦都不能说它已经建立了任何政体。法律应在任何方面受到尊重而保持无上的权威。”当然，这里所说的法律必须是良法，亚氏对法治的见解是：“法治应包含两重意义：已成立的法律获得普遍的服从，而大家所服从的法律又应该本身是制订得良好的法律。”

公元前五世纪中叶罗马共和国颁布的《十二铜表法》是古罗马第一部成文法典，制定该法是为了限制贵族的专横。法律虽仍保留了贵族的种种特权，但毕竟第一次在罗马市民中实行了法律上的平等，它是平民与贵族斗争成果的历史文献，奠定了罗马法的基石，对西方法制建设有着深远的影响。

西塞罗是罗马共和国末期的思想家，也是西方法治主义的奠基者之一。他认为，法律是根据正义的原则制定的，具有普遍的适用性，是国家和人民的最高行为准则。在他看来，国家之所以能够把众多的人集合成一个政治共同体，就在于拥有法律，相互承认权利和义务。因此，只有建立在法律基础上的政府才是合法的政府，只有切实地按照法律行事的政府，才是正当和合理的政府。他还提出"权力从属于法律"的重要论断。他强调，官吏之所以拥有权力，其根据就是法律，甚至官吏本身就是法律的创造物，"因为法律统治执政官，所以执政官统治人民，并且我们真正可以说，执政官乃是会说话的法律，而法律乃是不会说话的执政官"。法律统辖权力，又是人们行为的准绳，所以全体公民，包括执政官，在法律面前一律平等。

十三世纪初德意志通行的《萨克森明镜》规定，法官对国王的不正当行为必须加以抵制和阻止，这并不因此违背对他的忠诚。阿拉贡的法律也认为，国王若履行职责臣民就要服从他，"否则的话就不然"。从十二世纪开始，西欧各国各地区的封臣会议上常发布由封臣集体通过、国王或最高封君签署颁行的宪章和特许状。这类宪章或特许状具有长久的效力。英格兰的《大宪章》堪称典型。

1215 年英国的《大宪章》是教俗贵族、骑士、市民联合起来强迫英王约翰签署的。宪章的实施标志社会各阶级联合的力量超越了国王权势，为后来议会之权力超越王权埋下了伏笔，也标志英国开始进入了宪政与法治的时代，即国王应依法行使其权力。如：未经议会同意国王不得征税；任何自由民不受逮捕、监禁、放逐、没收财产或任何形式的伤害；只有通晓法律的人才能被任命为法官、治安长官、郡长或执行吏；伦敦和其他市镇的自由和特权必须尊重；全国封臣中自由推选二十五人以监督宪章遵行，如果国王及其官吏违抗，这二十五人有权联合全国人民强迫国王遵守宪章。

十一世纪在意大利中北部兴起了一批城市共和国，它们是民主的，也是法治的。如作为城市行政长官的总监，要求受过法律训练，他们上任时所带随员中总有法律行家。如十三世纪佛罗伦萨一位总监的随员中就有十名法律博士与二十四名公证人员。总监上任时，在官邸宣誓遵守法律、主持正义、不冤枉好人，等等。任期期满后，还要接受调查，如有违法行为就得接受处罚。此外，各城市共和国公民都得宣誓效忠守法。

特别应当重视的是西方源远流长的自然法理念。亚里士多德首先将法律分为“自然法”与“人定法”。斯多葛派奠基人芝诺认为，“自然法就是理性”，人类应当“服从理性的命令”，根据“自然法则安排生活”。

西塞罗对自然法作出了新的建树。他将自然法界定为“一种符合自然的、适用于一切人、永恒不变的、真正的法，即正义的理性”。他认为，自然法高于一切人定法，是制定人定法的准则。凡违背自然法的人定法乃是“恶法”；“恶法”只能认为是“一伙强盗在其集团内制定的规则”。

中世纪的神学家如奥里根、托马斯·阿奎那也强调自然法，不过他们给自然法披上了神的外衣，宣扬自然法是上帝制定的法律，违背自然法就是违背上帝的意志，就是非正义的。

近代思想政治家继承了自然法的概念，其内容有了重要创新。霍布斯将自然法与“自然状态”相联系。他说，人们为了摆脱“自然状态”，理性迫使人们遵守共同的生活规则，这些规则便是“自然法”，所以自然法也是善的规则，遵守自然法便是善，否则便是恶。格劳秀斯的自然法思想抛弃神学外衣，开始与人性、人权相联系。他宣扬“自然法是理性的命令，是一切行为的善恶标准”。上帝也得受自然法的支配。他指出，自然法的一切规范源于人性，违背自然法就是反人性。自然法不仅尊重那些自然产生的东西，也尊重那些由人类的行为所产生的东西，例如现实存在的“财产”，一经承认，就得尊重。将自然法与自然权利相结合，在洛克那里更明显了。他说,自然法教导全人类:“人们既然都是平等和独立的,任何人就不得侵害他人的生命、健康、自由或财产。”他特别将财产权作为自然法的核心。孟德斯鸠则坚信,只有否定封建专制才能有自然法的建立,因为封建专制制度是违背人类理性、与人类的自然规律相抵触,与自然法的精神是格格不入的。

同西方的法治文明相反,中国是根深蒂固的人治传统。

在中国,几千年的皇权主义盛行的是人治文化。“朕”即国家,皇上口含天宪,言出法随,定于一尊。国君“明于治礼之道”,“审于是非之实”,凡国政要事“此人主之所以独擅也”。君主发布的诏、令、诰、谕、敕是具有最高效力的法律形式。先秦时期就有所谓“礼乐征伐自天子出”。秦建立中央集权后更定下了“天下之事无大小皆决于上”的定规,在长达两千余年的封建社会中,帝王一直统率司法大权。直到晚清出现了中国历史上第一部宪法——《钦定宪法大纲》。《大纲》第一条规定:“大清皇帝统治大清帝国,万世一系,永永尊载。”第二条规定:“君上神圣尊严,不可侵犯。”还规定,“大清皇帝”有钦定法律、解散议院、发布“代法律之诏令”以及总揽司法大权等等。甚至还强调:“用人之权操之君上,议院不得干涉。”“国交之事由君上亲裁,不付议院议决。”这样的“钦宪”不过是人治主义的宪章。

纵观几千年中国社会的人治政治,可概括为以下特征:

第一,君主至尊,替天行道,独擅国家大权。法自君出,言出法随,帝王的意志就是法律,一言可以立法,一言也可以弃法。

第二,法是封建王朝统治社会的工具。法的指向是管制与惩治人民,历代的法制因而都以刑事法规为中心,以所谓“严刑峻法”规范庶民充当王朝的顺民。对臣民来说,根本不可能产生以法律来保护自己权利的意识，更多的是对法律的疑惧和憎恶。

第三，法律不合正义与平等的精神。整个法律体系盈溢着“威权主义”气息，充斥着“身份差别”的色彩，维护着官为本、官为上、官为大的封建特权。官僚阶层又利用其特权得以进一步侵害民众的基本权利。法律既然无正义可言，臣民们便不可能心悦诚服地遵守王法。建立在这种法律体系上的国家政权自然不可能长治久安。

第四，由于法律的功能是规范民众、维护专制，由于法律不合正义与平等的精神，法律的制定与执行又与民众相隔绝，因此这种法律规则本身就是一种违法，违反人类的本性与理性，蔑视与踩躏人的自然权利，因此，封建社会的主权者既是法律的制定者，又是法律的破坏者，他们破坏人类正义的法则，也往往破坏自己制定的法律。

第五，在人治主义主宰下，也存在着所谓法治与礼治、王道与霸道的争论。但这种法治不过是专制之治，是严刑峻法。而儒家所鼓吹的礼治主张依靠道德高尚的圣贤通过道德教化使百姓从内心接受专制统治，从道德与心理上接纳封建礼教的重重禁锢，使之蒙受违背封建纲常等于违法的精神恐惧，所谓“迩之事父，远之事君”，在家行孝，在外尽忠，“违命不孝，弃事不忠”，是伤风败俗，天理不容。因此，东汉以后实际上熔法治与礼治于一炉，王道与霸道双管齐下，人民承受着强权与精神的双重奴役。

结　语

通过上述几个方面的比较，我们便知道，同样是在中世纪，西欧与中国在政治文化、社会结构和历史传统上存在着明显的差异，这种差异导致进入近代社会后，西欧与中国在政治、经济等方面的发展出现了完全不同的面貌。其中，西欧的民主化很快发展起来，这同中世纪千年的历史嬗变不无关系。由此可见，西方的民主是从社会内部自然生长起来的。中国则没有这样的历史基础。中国的民主化只能引进，只能借鉴，只能向人家学习。晚清以来走的一直是这条路，只是时有中断而已。

（**应克复** 文，原载《书屋》2007 年第 1 期）

图书在版编目（CIP）数据

书生未敢忘忧国/《书屋》编辑部编.—长沙：湖南教育出版社，2010.11
（书屋文丛）
ISBN 978-7-5355-7149-6

Ⅰ.①书… Ⅱ.①书… Ⅲ.①社会问题—中国—文集
Ⅳ.①D669-53

中国版本图书馆CIP数据核字(2010)第207637号

书生未敢忘忧国
《书屋》编辑部
责任编辑：胡长明
责任校对：刘文华

湖南教育出版社出版发行（长沙市韶山北路443号）
网　址：http://www.hneph.com　http://www.shoulai.cn
电子邮箱：228411705@qq.com
客　服：电话 0731-85486742　QQ 228411705
湖南省新华书店经销　长沙化勘印刷有限公司印刷
718×1000　16开　印张：17　字数：176600
2010年11月第1版　2010年11月第1次印刷
ISBN 978-7-5355-7149-6
定价：36.00元